BOCAUX ET VERRINES

MANGO

SOMMAIRE

Verrines salées

Effiloché de poulet aux tomates confites et basilic	8
Salade de concombre au chèvre frais	10
Mousse de betterave aux herbes	12
Concombre à l'indienne	14
Verrines de saumon au guacamole	16
Verrines de mousse au fromage frais	18
Caviar de légumes, champignons et feta	20
Verrines de crevettes au fenouil	22
Œufs cocotte à la crème	24
Verrines des îles	26
Yaourt énergétique	28
Parmentier de canard et patate douce	30
Salade de ratatouille froide	32
Verrines de tartares	34
Verrines de tomates à la tapenade	36
Bouchées de jambon cru roulé à l'aubergine	38
Verrines de crème de céleri aux noix	40
Féroce d'avocat au thon et sésame	42
Caviar d'aubergine, mousse de mascarpone et coulis de basilic	44
Verrines de saumon fumé, avocat, œufs de saumon et chantilly	46
Tartare de tomate	48
Crème de coco au lard croustillant	50
Salade de tomates au chèvre et aux herbes	52

Verrines de Saint-Jacques aux lentilles en gelée de persil	54
Velouté de concombre, chèvre et aneth	56
Petites brochettes de magret fumé, figue et melon	58
Verrines de velouté d'asperges blanches à l'huile de truffe	60
Œufs cocotte au saumon	62
Salade toute verte	64
Risotto au safran et jambon cru	66
Fondant de légumes épicés au guacamole	68
Saumon en gelée	70
Carpaccio de radis à la crème de chèvre	72
Faisselle de courgettes et pommes	74
Clafoutis de petits pois et fèves	76
Tartare de daurade et saumon	78
Terrine bayadère aux 3 poivrons	80
Crème de pommes de terre au basilic et lard croustillant	82
Fèves à la sarriette	84
Verrines de saumon fumé, mousse fromagère aux herbes	86
Crème de chou-fleur aux tomates séchées	88
Verrines italiennes	90
Bisque de homard	92
Lentilles vertes du Puy à la coriandre	94
Cocktail crevettes-asperges au guacamole	96
Verrines de gaspacho au surimi	98

Tzatziki	**100**
Salade de la mer à la mimolette et au maïs	**102**
Foie gras aux fruits secs en gelée	**104**
Consommé d'endives au jambon	**106**
Œufs cocotte aux trompettes de la mort	**108**
Verrines de céleri au caviar	**110**
Panna cotta au crabe	**112**
Espuma de betteraves	**114**
Saumon gravlax	**116**

Verrines sucrées

Mousse chocolat-menthe	**118**
Panna cotta café-spéculos	**120**
Tiramisu aux fruits rouges	**122**
Mousse d'abricot à la menthe fraîche	**124**
Verrines de muesli, fromage blanc et groseilles	**126**
Bavarois vanillé à la rose	**128**
Soufflés glacés aux mûres	**130**
Espuma d'amaretto	**132**
Crème Carambar® et palmiers	**134**
Tiramisu chocolat-orange	**136**
Blanc-manger à la fleur d'oranger	**138**
Trifle à la cerise	**140**
Soufflés glacés au chocolat	**142**
Espuma de myrtilles	**144**
Mousse de fromage blanc au coulis de rhubarbe	**146**

Crumble de poires au chocolat et spéculos	148
Quetsches rôties au pain d'épice	150
Mousse d'ananas, kiwis et coco	152
Verrines aux 3 chocolats	154
Verrines à la myrtille	156
Salade de fruits rouges au muscat, vanille et anis étoilé	158
Mousse de litchi à la rose	160
Mousse orange-chocolat au lait	162
Panna cotta à la mangue	164
Mousse chocolat blanc-framboises	166
Diplomates aux abricots	168
Liégeois	170
Soufflés glacés aux groseilles	172
Panna cotta façon Piña Colada	174
Crème d'amande aux kiwis	176
Tiramisu	178
Verrines aux fruits de la passion et au fromage blanc	180
Petites mousses de fromage frais au chutney de figues et dattes	182
Crème au caramel et macaron au chocolat	184
Trifle aux fraises	186

Effiloché de poulet aux tomates confites et basilic

Pour 6 personnes
Préparation : 30 min
Cuisson : 40 min
Repos : 2 heures

huile d'olive
5 blancs de poulet
15 cl de bouillon de volaille
150 g de tomates confites
1 bouquet de basilic
+ quelques feuilles pour la déco
fleur de sel
1 cuillerée à soupe de poivre en grains

1. Dans une sauteuse, faites chauffer 3 cuillerées à soupe d'huile d'olive. Faites dorer les blancs de poulet 3 minutes de chaque côté à feu moyen.
2. Versez le bouillon de volaille dans la sauteuse et faites cuire 30 minutes à feu doux, en retournant régulièrement les blancs de poulet. Retirez-les de la sauteuse et laissez-les refroidir. Effilochez-les et mettez-les dans un saladier.
3. Coupez les tomates confites en petits morceaux. Ciselez le basilic.
4. Mélangez l'effiloché de poulet avec le basilic, les tomates confites et la fleur de sel. Poivrez.
5. Répartissez la préparation dans 6 bocaux. Arrosez d'huile d'olive et fermez les bocaux. Laissez mariner 2 heures minimum au réfrigérateur. Au moment de servir, décorez de feuilles entières de basilic.

Salade de concombre au chèvre frais

Pour 6 personnes
Préparation : 10 min
Cuisson : 3 min

2 concombres
300 g de fromage de chèvre frais
6 pluches d'aneth
1 cuillerée à café de baies roses concassées
4 cuillerées à soupe d'huile d'olive
1 cuillerée à soupe de vinaigre de Xérès
30 g d'amandes effilées
sel, poivre du moulin

1. Coupez les concombres en deux puis retirez les graines. À l'aide d'une cuillère parisienne, prélevez la chair des concombres sous la forme de petites billes. Coupez le fromage de chèvre en petits dés. Ciselez finement l'aneth.

2. Mettez les billes de concombre dans un saladier. Ajoutez le fromage de chèvre, les baies roses et l'aneth finement ciselé.

3. Dans un bol, mélangez l'huile d'olive avec 1 pincée de sel et le vinaigre. Émulsionnez le mélange.

4. Versez la vinaigrette sur la salade. Poivrez. Mélangez délicatement et réservez au réfrigérateur.

5. Dans une poêle chauffée à blanc, faites dorer les amandes effilées 3 minutes à feu doux. Répartissez la salade dans 6 verrines, ajoutez les amandes encore chaudes et servez aussitôt.

Mousse de betterave aux herbes

Pour 6 personnes
Préparation : 15 min
Sans cuisson
Repos : 1 heure

1 petit bouquet
de ciboulette
+ quelques brins
pour la déco
300 g de betteraves
cuites
2 cuillerées à soupe
de mascarpone
15 cl de crème fraîche
liquide entière très
froide
½ citron
sel, poivre du moulin

1. Ciselez finement la ciboulette.
2. Coupez les betteraves en morceaux et mettez-les dans le bol d'un mixeur. Ajoutez le mascarpone et la ciboulette. Mixez jusqu'à l'obtention d'une purée lisse. Versez-la dans un saladier. Salez et poivrez.
3. Fouettez la crème jusqu'à l'obtention d'une préparation mousseuse, légèrement ferme. Incorporez-la dans le saladier.
4. Répartissez la mousse de betterave dans 6 verrines hautes. Réservez 1 heure au réfrigérateur. Décorez de brins de ciboulette et servez bien frais.

Concombre à l'indienne

Pour 6 personnes
Préparation : 10 min
Sans cuisson
Repos : 1 heure

2 concombres
3 gousses d'ail
4 yaourts veloutés
sel, poivre du moulin

1. Lavez soigneusement les concombres. Séchez-les et râpez-les à l'aide d'une grosse râpe. Mettez-les dans un saladier.
2. Pelez et hachez finement les gousses d'ail. Ajoutez-les dans le saladier.
3. Versez les yaourts par-dessus. Salez et poivrez. Mélangez bien.
4. Répartissez la préparation dans 6 verres et réservez 1 heure minimum au réfrigérateur. Servez les concombres très frais.

Verrines de saumon au guacamole

Pour 6 personnes
Préparation : 20 min
Sans cuisson
Repos : 20 min

Pour le guacamole
3 avocats bien mûrs
le jus de 1 citron
1 oignon blanc
1 cuillerée à café
de Tabasco®
1 pincée de sel

Pour le tartare de saumon
2 oranges
500 g de filet
de saumon cru
sel, poivre du moulin

1. Ôtez la peau et le noyau des avocats. Coupez-les en dés et mettez-les dans un plat. Arrosez-les d'1 cuillerée à café de jus de citron.
2. Pelez et hachez l'oignon.
3. Mixez l'avocat, le reste de jus de citron, l'oignon, le sel et le Tabasco® jusqu'à l'obtention d'une fine purée. Versez la préparation dans un bol, couvrez de film alimentaire et réservez au réfrigérateur.
4. Prélevez le zeste d'1 orange et pressez son jus. Pelez à vif l'autre orange puis détachez les quartiers. Coupez chaque quartier en petits morceaux.
5. Coupez le saumon en petits dés. Placez-les dans un plat creux. Ajoutez les morceaux d'orange. Salez et poivrez. Arrosez de jus d'orange, ajoutez les zestes. Mélangez bien. Réservez 20 minutes au réfrigérateur.
6. Répartissez le guacamole dans 6 verrines. Recouvrez de tartare de saumon. Poivrez. Servez aussitôt.

Verrines de mousse au fromage frais

Pour 6 personnes
Préparation : 30 min
Cuisson : 30 secondes

6 tomates
2 blancs d'œufs
200 g de fromage frais (type Carré frais® ou Madame Loïc®)
6 branches de basilic
2 tranches de jambon cru
1 pincée de sel
poivre du moulin

1. Plongez les tomates 30 secondes dans une casserole d'eau bouillante. Passez-les sous l'eau froide, pelez-les et épépinez-les. Coupez-les en morceaux puis mixez-les finement. Répartissez la compotée de tomates dans 6 verrines.

2. Montez les blancs en neige avec 1 pincée de sel.

3. Dans un bol, écrasez le fromage frais à l'aide d'une fourchette, puis incorporez délicatement les blancs en neige. Poivrez et mélangez délicatement. Répartissez la mousse de fromage sur la compotée de tomates.

4. Ciselez 6 feuilles de basilic, réservez le reste. Parsemez la mousse de fromage de basilic ciselé.

5. Coupez les tranches de jambon cru en deux dans le sens de la longueur. Chiffonnez-les et posez 1 tranche par verrine, sur la mousse de fromage. Décorez de feuilles de basilic et servez frais.

Caviar de légumes, champignons et feta

Pour 6 personnes
Préparation : 20 min
Cuisson : 20 à 30 min

1 gros oignon pelé et haché
1 petit poivron rouge épépiné et coupé en dés
huile d'olive
500 g de champignons de Paris hachés
+ quelques lamelles pour la déco
1 ½ citron
1 courgette coupée en dés
1 petite aubergine coupée en dés
2 pincées de mélange cinq épices
1 pincée de piment d'Espelette
1 gousse d'ail pelée et écrasée
12 brins de ciboulette ciselée + quelques brins pour la déco
240 g de feta
sel, poivre du moulin

1. Dans une sauteuse, faites fondre l'oignon et les dés de poivron avec 2 cuillerées à soupe d'huile d'olive. Ajoutez le hachis de champignons, 1 filet de jus de citron et les petits dés de courgette et d'aubergine. Salez et poivrez. Ajoutez le cinq épices et le piment d'Espelette, mélangez. Couvrez et laissez mijoter 20 à 30 minutes à feu doux, jusqu'à ce que les légumes soient bien compotés, puis laissez tiédir avant de réserver au réfrigérateur.

2. Lorsque le mélange est refroidi, ajoutez le reste de jus de citron, l'ail, la ciboulette et 1 filet d'huile d'olive. Rectifiez l'assaisonnement si nécessaire et mélangez vivement.

3. Servez le caviar de légumes très froid dans 6 verrines. Ajoutez quelques dés de feta, quelques lamelles de champignon cru et 1 brin de ciboulette.

Verrines de crevettes au fenouil

Pour 6 personnes
Préparation : 30 min
Sans cuisson

1 pamplemousse
3 bulbes de fenouil
1 branche d'aneth
18 grosses crevettes
roses cuites
huile d'olive
le jus de 1 citron
sel, poivre du moulin

1. Pelez le pamplemousse à vif, détachez les segments les uns des autres et retirez les membranes qui les recouvrent à l'aide d'un couteau.
2. Coupez la base des bulbes de fenouil. Retirez les premières feuilles extérieures dures, puis coupez les bulbes en lamelles. Lavez-les et essuyez-les.
3. Ciselez l'aneth.
4. Décortiquez les crevettes.
5. Dans 6 verrines, répartissez 3 crevettes, des segments de pamplemousse et des lamelles de fenouil. Arrosez d'huile d'olive et du jus de citron. Salez et poivrez. Parsemez d'aneth et servez frais.

Œufs cocotte à la crème

Pour 6 personnes
Préparation : 5 min
Cuisson : 5 min

1 bouquet de ciboulette
30 cl de crème liquide
12 œufs
sel, poivre du moulin
40 g de beurre pour les verrines

1. Préchauffez le four à 220 °C (th. 7-8).
2. Lavez, séchez et ciselez la ciboulette.
3. Versez la crème dans un grand bol. Salez et poivrez. Ajoutez la ciboulette ciselée et mélangez.
4. Beurrez 6 verrines allant au four. Répartissez la crème aux herbes aux 2/3 de chaque verrine, puis cassez 2 œufs dans chacune d'elles.
5. Mettez les verrines dans un plat allant au four à bords hauts et remplissez-le d'eau chaude, jusqu'à mi-hauteur des verrines. Enfournez et faites cuire 5 minutes. Servez aussitôt.

Verrines des îles

Pour 6 personnes
Préparation : 20 min
Cuisson : 15 à 20 min

2 poivrons rouges
2 avocats
1 gousse d'ail
le jus de ½ citron
300 g de rillettes
de crabe
75 g de mayonnaise
5 g de curry en poudre
1 cuillerée à soupe
de graines de sésame
sel, poivre du moulin

1. Prechauffez le four en position gril. Déposez les poivrons sur la plaque de cuisson et faites-les noircir 20 minutes environ sur chaque face. Laissez-les refroidir dans un sac plastique.
2. Épluchez et dénoyautez les avocats. Coupez-les en cubes. Pelez et dégermez l'ail.
3. Mixez l'avocat en morceaux, l'ail et le jus de citron jusqu'à l'obtention d'une fine purée. Salez et poivrez. Réservez au réfrigérateur.
4. Dans un saladier, mélangez le crabe, la mayonnaise et le curry. Rectifiez l'assaisonnement si nécessaire.
5. Épluchez et épépinez les poivrons. Mixez la chair jusqu'à l'obtention d'un coulis épais.
6. Répartissez la préparation au crabe dans le fond de 6 verrines. Recouvrez de purée d'avocat, puis de coulis de poivron. Parsemez de graines de sésame. Servez aussitôt.

Yaourt énergétique

Pour 6 personnes
Préparation : 15 min
Cuisson : 2 min

450 g de yaourt nature velouté
1 branche de céleri
1 poignée de chicorée
45 g de pignons de pin
40 g d'amandes effilées
1 morceau de parmesan jeune
6 cuillerées à soupe de miel de châtaignier
sel, poivre du moulin

1. Versez le yaourt dans un saladier. Salez et poivrez. Réservez au réfrigérateur.
2. Lavez, épluchez et émincez finement le céleri.
3. Lavez, essorez et ciselez la chicorée.
4. Dans une poêle chaude, faites dorer les pignons et les amandes effilées sans matière grasse.
5. À l'aide d'une grosse râpe, râpez le parmesan en copeaux.
6. Dans un saladier, mélangez le céleri, la chicorée, les pignons, les amandes et les copeaux de parmesan.
7. Répartissez le yaourt dans 6 verrines. Arrosez de miel et ajoutez le mélange céleri-chicorée. Servez aussitôt.

Parmentier de canard et patate douce

Pour 6 personnes
Préparation : 30 min
Cuisson : 45 min

900 g de patates douces pelées et coupées en cubes
3 gousses d'ail pelées et dégermées
1 pincée de cannelle
1 pincée de gingembre
1 pincée de muscade
120 g de beurre froid
6 cuisses de canard confit (avec la graisse)
3 échalotes pelées et émincées
4 cuillerées à soupe de chapelure
sel, poivre du moulin

1. Placez les cubes de patate douce et l'ail dans une casserole. Couvrez d'eau froide. Portez à ébullition et laissez cuire 20 minutes environ à feu doux.
2. Égouttez les patates et l'ail, passez-les au moulin à légumes. Salez et poivrez. Ajoutez la cannelle, le gingembre et la muscade. Mélangez. Remettez le tout dans la casserole et faites chauffer à feu doux en incorporant la moitié du beurre et réservez.
3. Dans une casserole, faites fondre la graisse du confit. Prélevez les morceaux et égouttez-les. Retirez la peau, désossez les morceaux et effilochez-les.
4. Dans une sauteuse, faites fondre les échalotes à feu doux dans un peu de graisse de canard. Ajoutez le canard. Salez et poivrez. Faites cuire quelques minutes à feu doux tout en mélangeant.
5. Répartissez le canard dans 6 verrines. Recouvrez de purée puis de chapelure. Ajoutez le reste de beurre en noisettes et faites gratiner 15 minutes sous le gril du four. Servez aussitôt.

Salade de ratatouille froide

Pour 6 personnes
Préparation : 20 min
Cuisson : 1 heure
Repos : 1 heure

3 aubergines
6 courgettes
5 tomates
2 poivrons jaunes
6 cuillerées à soupe d'huile d'olive
3 cuillerées à soupe de pignons de pin
2 branches de thym
2 tiges de basilic
1 cuillerée à soupe de vinaigre balsamique
sel, poivre du moulin

1. Lavez tous les légumes. Coupez les aubergines, les courgettes et les tomates en petits cubes. Épépinez les poivrons et coupez-les en fines lamelles.
2. Faites chauffer 2 cuillerées à soupe d'huile d'olive dans une cocotte. Ajoutez les poivrons et les aubergines. Faites-les revenir 5 minutes à feu doux en remuant régulièrement. Ajoutez les courgettes et poursuivez la cuisson 10 minutes.
3. Incorporez les tomates, les pignons, le thym et les feuilles de basilic. Salez et poivrez. Couvrez et faites mijoter 45 minutes en remuant régulièrement.
4. Versez la ratatouille dans un saladier et laissez-la refroidir avant de la réserver au réfrigérateur pendant 1 heure.
5. Arrosez la ratatouille du reste d'huile d'olive et de vinaigre balsamique. Répartissez-la dans 6 verrines et servez aussitôt.

Verrines de tartares

Pour 6 personnes
Préparation : 20 min
Sans cuisson
Repos : 20 min

3 brins de ciboulette
700 g de filet
de saumon cru
le jus de 2 citrons
3 pommes
(type granny smith)
50 g d'œufs
de saumon
fleur de sel
poivre blanc du moulin
12 petits blinis
pour servir

1. Ciselez la ciboulette.
2. Coupez le saumon en tout petits dés.
3. Placez le saumon dans un plat creux. Salez, poivrez. Arrosez de la moitié du jus de citron, ajoutez la ciboulette et mélangez bien.
4. Lavez et séchez soigneusement les pommes. Ôtez le cœur puis coupez les pommes en tout petits dés. Arrosez-les du reste de jus de citron. Salez et poivrez.
5. Répartissez le tartare de saumon dans 6 verrines. Recouvrez-le du tartare de pomme, puis d'œufs de saumon. Réservez 20 minutes au réfrigérateur. Servez avec les petits blinis tièdes.

Verrines de tomates à la tapenade

Pour 6 personnes
Préparation : 15 min
Sans cuisson

250 g de tomates confites
huile d'olive
500 g de tomates fraîches
3 branches de basilic
200 g de crème fraîche épaisse
1 cuillerée à soupe de jus de citron
2 cuillerées à soupe de tapenade verte
sel, poivre du moulin

1. Hachez finement les tomates confites. Placez-les dans un bol. Ajoutez un peu d'huile d'olive. Réservez au réfrigérateur.
2. Lavez les tomates fraîches puis coupez-les en tout petits dés. Mettez-les dans un saladier, arrosez-les d'huile d'olive, salez et poivrez.
3. Lavez et séchez le basilic. Effeuillez-le puis ciselez-le. Ajoutez le basilic aux tomates fraîches et mélangez bien.
4. Dans un autre saladier, fouettez la crème fraîche avec le jus de citron, 1 filet d'huile d'olive, du sel et du poivre.
5. Répartissez la purée de tomates confites dans le fond de 6 verrines. Couvrez-les d'une fine couche de tapenade verte, puis d'une couche de tomates fraîches.
6. Versez la crème fraîche par-dessus et réservez au réfrigérateur jusqu'au moment de servir.
7. Servez les verrines de tomates fraîches accompagnées de fines tranches de pain de campagne grillées et frottées à l'ail.

Bouchées de jambon cru roulé à l'aubergine

Pour 6 personnes
Préparation : 20 min
Cuisson : 15 min

3 petites aubergines
huile d'olive
6 tranches de jambon cru
200 g de fromage frais
1 bouquet de basilic
à petites feuilles
sel, poivre du moulin

1. Préchauffez le four à 210 °C (th. 7).
2. Lavez et séchez les aubergines. Coupez-les en fines tranches dans la longueur. Posez-les sur la plaque du four recouverte de papier sulfurisé. À l'aide d'un pinceau, badigeonnez les tranches d'aubergine d'huile d'olive. Salez et poivrez. Enfournez et faites cuire 15 minutes, en les retournant à mi-cuisson.
3. Coupez chaque tranche de jambon en trois dans la longueur. Recouvrez-les d'1 tranche d'aubergine, puis de fromage frais. Enroulez la tranche d'aubergine sur elle-même. Maintenez fermé à l'aide d'une pique.
4. Répartissez les bouchées de jambon dans 6 verrines. Décorez de brins de basilic et servez frais.

Verrines de crème de céleri aux noix

Pour 6 personnes
Préparation : 10 min
Cuisson : 15 min

½ pied de céleri
en branche
1 cube de bouillon
20 cl de crème liquide
très froide
50 g de cerneaux
de noix
sel, poivre du moulin

1. Lavez le céleri. Réservez 2 branches situées au cœur et coupez le reste en tronçons.
2. Dans une cocotte, versez 50 cl d'eau avec le cube de bouillon. Ajoutez le céleri. Salez et poivrez. Faites cuire 15 minutes à feu moyen. Égouttez le céleri et laissez refroidir.
3. Pendant ce temps, montez la crème liquide en chantilly, salez et poivrez.
4. Déposez dans le fond de 6 verrines 1 cuillerée à soupe de céleri et recouvrez de crème chantilly.
5. Décorez de branches de céleri et répartissez des cerneaux de noix sur la chantilly. Servez frais.

Féroce d'avocat au thon et sésame

Pour 6 personnes
Préparation : 20 min
Sans cuisson

500 g de thon rouge très frais
le jus de 2 citrons verts
1 cuillerée à soupe de graines de sésame
3 avocats
4 cuillerées à soupe d'huile d'olive
1 petit piment rouge épépiné
sel, poivre du moulin

1. Découpez le thon en petits cubes. Déposez les cubes de thon dans une assiette et arrosez-les de 2 cuillerées à soupe de jus de citron. Salez, poivrez et parsemez de graines de sésame.
2. Épluchez et coupez les avocats en petits dés. Déposez-les dans une autre assiette et arrosez-les du reste de jus de citron, d'huile d'olive et mélangez.
3. Lavez et coupez le piment en tout petits dés. Ajoutez-les à l'avocat, salez et mélangez.
4. Dans 6 verres, répartissez le féroce d'avocat et recouvrez de thon. Servez bien frais.

Caviar d'aubergine, mousse de mascarpone et coulis de basilic

Pour 6 personnes
Préparation : 20 min
Cuisson : 35 min

2 aubergines
le jus de 1 citron
4 gousses d'ail pelées et écrasées
4 cuillerées à soupe d'huile d'olive
250 g de mascarpone
2 blancs d'œufs
1 bouquet de basilic + quelques feuilles pour la déco
sel, poivre du moulin

1. Préchauffez le four à 210 °C (th. 7).
2. Percez les aubergines avec la pointe d'un couteau. Enfournez et faites cuire 35 minutes environ en les retournant régulièrement, jusqu'à ce que la peau soit craquelée. Laissez-les tiédir. Coupez-les en deux. Prélevez leur chair, puis mixez-la avec le jus de citron, l'ail, du sel et du poivre. Mixez par à-coups puis versez doucement 2 cuillerées à soupe d'huile d'olive, jusqu'à l'obtention d'une purée onctueuse. Réservez.
3. Dans un saladier, versez le mascarpone et salez. Montez les blancs en neige ferme avec 1 pincée de sel. Ajoutez-les au mascarpone puis formez des quenelles. Réservez.
4. Mixez le basilic et le reste d'huile jusqu'à l'obtention d'un coulis. Salez et poivrez.
5. Versez 2 cuillerées à soupe de caviar d'aubergine dans 6 verrines. Surmontez d'1 quenelle de mascarpone et d'1 filet de coulis de basilic. Décorez de feuilles de basilic. Réservez au réfrigérateur jusqu'au moment de servir.

Verrines de saumon fumé, avocat, œufs de saumon et chantilly

Pour 6 personnes
Préparation : 20 min
Sans cuisson

30 cl de crème fraîche liquide entière
2 avocats
le jus de 1 citron
6 tranches de saumon fumé
100 g d'œufs de saumon
piment d'Espelette en poudre
12 brins d'aneth
sel, poivre du moulin

1. Dans un saladier, versez la crème liquide et placez-le 10 minutes au congélateur. Montez la crème liquide en chantilly à l'aide d'un fouet. Ajoutez un peu de sel et de poivre. Réservez au réfrigérateur.

2. Coupez les avocats en deux, dénoyautez-les, pelez-les et coupez-les en fines lamelles. Arrosez-les de jus de citron.

3. Coupez les tranches de saumon fumé en petits dés et répartissez-les dans 6 petits bocaux.

4. Ajoutez les lamelles d'avocat et recouvrez d'œufs de saumon. Réservez au réfrigérateur jusqu'au moment de servir.

5. À l'aide d'une poche à douille crantée, garnissez les verrines d'une touche de chantilly. Saupoudrez d'1 pincée de piment d'Espelette et décorez de brins d'aneth. Servez très frais.

Tartare de tomate

Pour 6 personnes
Préparation : 15 min
Cuisson : 1 min

500 g de tomates fraîches pas trop mûres
1 citron vert
1 branche de cerfeuil
1 échalote
1 cuillerée à café de moutarde
poivre noir du moulin
6 belles feuilles de basilic pour la déco

1. Plongez les tomates dans une casserole d'eau bouillante. Quand la peau commence à se détacher, égouttez-les et rafraîchissez-les sous l'eau.
2. Pelez et épépinez délicatement les tomates. Coupez-les en tout petits dés. Mettez-les dans une passoire et laissez-les s'égoutter.
3. Pressez le citron. Hachez très finement le cerfeuil. Pelez et hachez très finement l'échalote.
4. Dans un saladier, mélangez le jus de citron, la moutarde, le cerfeuil, l'échalote et les dés de tomate. Répartissez le tartare dans 6 verrines. Poivrez. Décorez de feuilles de basilic et servez aussitôt.

Crème de coco au lard croustillant

Pour 6 personnes
Préparation : 20 min
Cuisson : 1 h 10

2 petits oignons
4 clous de girofle
2 tomates
30 g de beurre
3 gousses d'ail
pelées et émincées
1 kg de haricots coco
demi-secs écossés
et rincés
1 bouquet garni
2 cuillerées à café
de concentré de tomates
3 cuillerées à soupe
de crème fraîche
6 tranches fines
de poitrine fumée
sel, poivre du moulin
6 brins de persil plat
pour la déco

1. Épluchez les oignons et piquez-les avec les clous de girofle. Lavez, séchez et épépinez les tomates. Coupez-les en quartiers.
2. Dans une casserole, faites fondre le beurre. Faites revenir les oignons, l'ail, les haricots et les quartiers de tomates 10 minutes à feu moyen, en remuant régulièrement.
3. Couvrez d'eau froide. Ajoutez le bouquet garni. Salez et poivrez. Portez à ébullition puis continuez la cuisson pendant 1 heure à feu doux.
4. Retirez le bouquet garni et l'oignon. Mixez le reste de la préparation. Incorporez le concentré de tomates ainsi que la crème fraîche. Mixez à nouveau.
5. Dans une poêle, faites griller la poitrine fumée sans ajout de matière grasse.
6. Répartissez la crème de haricots dans 6 verrines et déposez le lard dessus. Décorez avec 1 brin de persil plat. Servez aussitôt.

Salade de tomates au chèvre et aux herbes

Pour 6 personnes
Préparation : 20 min
Cuisson : 10 min environ

500 g de tomates cerises
2 oignons rouges
1 fromage de chèvre frais (type Petit Billy®)
200 g de boulgour
6 tiges de coriandre fraîche
6 tiges de persil plat
5 cl d'huile d'olive
le jus de ½ citron
sel, poivre du moulin

1. Lavez, séchez et coupez les tomates cerise en deux. Pelez et émincez finement les oignons rouges. Émiettez le fromage.
2. Dans une casserole d'eau bouillante salée, faites cuire le boulgour 10 minutes environ à feu moyen. Égouttez-le et laissez-le refroidir.
3. Lavez, séchez, effeuillez et hachez les herbes. Dans un saladier, mélangez les tomates, l'oignon, le boulgour et les herbes.
4. Dans un bol, mélangez l'huile d'olive et le jus de citron. Salez et poivrez. Versez la sauce sur la salade. Mélangez puis ajoutez le fromage.
5. Répartissez la salade dans 6 verrines et servez aussitôt.

Verrines de Saint-Jacques aux lentilles en gelée de persil

Pour 6 personnes
Préparation : 35 min
Cuisson : 25 à 30 min

200 g de lentilles vertes du Puy rincées
½ oignon pelé
1 clou de girofle
1 petit brin de thym
1 brin de céleri
12 tiges de persil
1 ½ feuille de gélatine ramollies dans un bol d'eau froide
100 g de noix de Saint-Jacques fraîches
6 cuillerées à café de pesto
6 cuillerées à café de crème fraîche
6 brins de basilic
mélange cinq baies
huile d'olive
1 pincée de fleur de sel
sel

1. Dans une casserole d'eau froide, versez les lentilles. Ajoutez l'oignon piqué du clou de girofle, le thym, le céleri et le mélange cinq baies. Portez à ébullition. Couvrez à moitié et laissez cuire 25 à 30 minutes à feu doux. Salez en fin de cuisson puis laissez refroidir.

2. Dans une casserole, faites bouillir 20 cl d'eau avec le persil. Retirez du feu. Couvrez et laissez infuser 30 minutes. Réchauffez l'infusion, retirez le persil, ajoutez la gélatine. Mélangez.

3. Dans 6 verrines, versez les lentilles. Recouvrez-les de gelée. Réservez au réfrigérateur.

4. Lorsque la gelée a pris, émincez les noix de Saint-Jacques au couteau, parsemez-les de fleur de sel et de cinq baies puis mélangez avec 1 filet d'huile d'olive. Versez sur les lentilles et réservez au réfrigérateur.

5. Dans un saladier, mélangez le pesto et la crème. Recouvrez-en les verrines. Décorez de brins de basilic. Servez aussitôt.

Velouté de concombre, chèvre et aneth

Pour 6 personnes
Préparation : 10 min
Sans cuisson

2 concombres
300 g de fromage de chèvre en faisselle
30 cl de yaourt nature brassé
2 cuillerées à soupe d'huile d'olive
1 petit bouquet d'aneth
sel, poivre du moulin

1. Pelez les concombres. Coupez-les en petits morceaux, puis mettez-les dans le bol d'un blender. Ajoutez le fromage en faisselle peu égoutté, le yaourt et l'huile d'olive. Salez et poivrez. Mixez jusqu'à l'obtention d'un velouté onctueux.

2. Ciselez l'aneth et ajoutez-le au velouté de concombre. Rectifiez l'assaisonnement si nécessaire et réservez au réfrigérateur.

3. Servez le velouté de concombre glacé dans 6 verrines. Décorez d'1 brin d'aneth et servez bien frais.

Petites brochettes de magret fumé, figue et melon

Pour 6 personnes
Préparation : 15 min
Sans cuisson

2 melons
12 figues violettes
12 tranches de magret de canard fumé
2 cuillerées à soupe d'huile d'olive
1 cuillerée à soupe de vinaigre balsamique
sel, poivre du moulin

1. Coupez les melons en deux. Épépinez-les. À l'aide d'une cuillère parisienne, réalisez des petites billes de melon.
2. Lavez et coupez les figues en deux.
3. Enroulez chaque tranche de magret sur elle-même.
4. Sur des piques en bois, enfilez 1 bille de melon, 1 tranche de magret de canard et 1 moitié de figue.
5. Dans un bol, versez l'huile et le vinaigre. Salez et poivrez. Émulsionnez à l'aide d'une fourchette.
6. Arrosez les brochettes de vinaigrette et posez-les délicatement dans 6 verres. Servez frais.

Verrines de velouté d'asperges blanches à l'huile de truffe

Pour 6 personnes
Préparation : 30 min
Cuisson : 47 min

2 bottes d'asperges blanches pelées et rincées
80 g de beurre
1 oignon pelé et haché
2 échalotes pelées et hachées
40 g de farine
15 cl de lait
20 cl de crème fraîche épaisse
huile de truffe
sel, poivre du moulin

1. Dans une casserole d'eau bouillante salée, faites cuire les asperges 20 minutes environ. Égouttez-les avec une écumoire et réservez l'eau de cuisson. Coupez la moitié des asperges en tronçons. Réservez le reste des asperges entières pour la déco.
2. Dans une casserole, faites fondre le beurre. Ajoutez l'oignon et les échalotes. Faites-les revenir 2 minutes. Saupoudrez de farine, mélangez et ajoutez l'eau de cuisson des asperges, puis les tronçons d'asperges. Laissez cuire 15 minutes.
3. Retirez la casserole du feu. Mixez le bouillon et les asperges en incorporant progressivement le lait. Salez et poivrez, puis faites chauffer le velouté obtenu 10 minutes à feu doux. Ajoutez la crème fraîche et mélangez.
4. Répartissez le velouté dans 6 verrines. Décorez-les avec 2 asperges entières. Versez 1 goutte d'huile de truffe dans chaque verrine et servez aussitôt.

Œufs cocotte au saumon

Pour 6 personnes
Préparation : 10 min
Cuisson : 10 min

½ concombre
6 tranches de saumon fumé
30 g de beurre
+ 30 g pour les verrines
120 g de crème fraîche épaisse
6 gros œufs
4 tranches de pain de mie
30 tiges de ciboulette
sel, poivre du moulin

1. Préchauffez le four à 200 °C (th. 6-7).
2. Pelez le concombre et coupez-le en deux dans la longueur. À l'aide d'une petite cuillère, épépinez-le puis coupez la chair en fines lamelles.
3. Coupez le saumon fumé en morceaux. Répartissez-les dans 6 verrines beurrées allant au four, puis ajoutez le concombre et les ¾ de la crème. Poivrez.
4. Cassez délicatement les œufs dans chaque verrine, sans percer les jaunes. Ajoutez 1 pincée de sel et de poivre, puis recouvrez avec le reste de crème.
5. Posez les verrines dans un bain-marie chaud. Enfournez et faites cuire pendant 10 minutes.
6. Servez les verrines de saumon accompagnées de mouillettes de pain de mie toastées, beurrées et parsemées de ciboulette finement ciselée.

Salade toute verte

Pour 6 personnes
Préparation : 30 min
Cuisson : 17 min

500 g de fèves fraîches
250 g de pois gourmands
20 cl de crème fleurette
le jus de 1 citron
2 cuillerées à soupe d'huile d'olive
quelques feuilles de basilic ciselées
1 botte de petits oignons nouveaux pelés et émincés
12 brins de ciboulette
sel, poivre du moulin

1. Plongez les fèves 2 minutes dans de l'eau bouillante salée. Égouttez-les et plongez-les immédiatement dans de l'eau glacée. Égouttez-les à nouveau et débarrassez-les de leur fine pellicule. Plongez-les à nouveau dans de l'eau bouillante salée et faites-les cuire 5 minutes. Égouttez-les et plongez-les dans de l'eau glacée pour stopper la cuisson. Égouttez à nouveau et réservez.
2. Lavez les pois gourmands, retirez les fils et faites-les cuire dans de l'eau bouillante salée pendant 10 minutes. Égouttez-les et rafraîchissez-les sous l'eau froide. Réservez.
3. Dans un saladier, mélangez la crème, le jus de citron et l'huile. Salez, poivrez et ajoutez le basilic.
4. Répartissez les fèves, les pois gourmands et les oignons dans 6 verrines. Arrosez de sauce au basilic et décorez de ciboulette. Servez aussitôt.

Risotto au safran et jambon cru

Pour 6 personnes
Préparation : 15 min
Cuisson : 35 min

90 cl de bouillon
de légumes
½ capsule de safran
en poudre
2 oignons
3 cuillerées à soupe
d'huile d'olive
275 g de riz rond
(type arborio)
5 cl de vin blanc
30 g de beurre
100 g de parmesan
râpé
3 tranches de jambon cru
1 pincée de safran
en filaments
sel, poivre du moulin

1. Dans une casserole, faites chauffer le bouillon avec le safran en poudre.
2. Pelez et émincez les oignons.
3. Dans une cocotte, faites chauffer l'huile d'olive. Versez-y le riz et les oignons. Faites-les revenir jusqu'à ce qu'ils deviennent translucides.
4. Mouillez avec le vin blanc et laissez cuire en mélangeant sans arrêt, jusqu'à complète absorption du vin par le riz.
5. Versez 1 louche de bouillon, remuez et faites cuire jusqu'à complète absorption. Poursuivez la cuisson 15 à 18 minutes, en ajoutant du bouillon au fur et à mesure. Salez et poivrez.
6. Incorporez le beurre en morceaux et le parmesan. Mélangez.
7. Coupez les tranches de jambon cru en trois dans la longueur et chiffonnez-les.
8. Répartissez le risotto dans 6 verrines. Décorez de chiffonnade de jambon, parsemez de filaments de safran. Servez aussitôt.

Fondant de légumes épicés au guacamole

Pour 6 personnes
Préparation : 30 min
Cuisson : 1 min

500 g de tomates fraîches
½ concombre pelé
et coupé en dés
1 poivron rouge
épépiné et coupé en dés
1 tranche de pain
de mie sans croûte
2 cuillerées à soupe
d'huile d'olive
1 cuillerée à soupe
de vinaigre de vin
le jus de 1 citron
½ cuillerée à café
de Tabasco®
sel, poivre du moulin

Pour le guacamole
2 avocats épluchés
et coupés en dés
1 oignon pelé et haché
le jus de 1 citron
½ cuillerée à café
de Tabasco®

1. Lavez les tomates. Plongez-les quelques secondes dans une casserole d'eau bouillante. Égouttez-les et pelez-les.
2. Mixez les tomates, les dés de concombre et de poivron avec le pain, l'huile d'olive, le vinaigre, le jus de citron et le Tabasco®, jusqu'à l'obtention d'une soupe épaisse. Rectifiez l'assaisonnement et versez la soupe dans un plat creux. Réservez au réfrigérateur.
3. Mixez les avocats, l'oignon, le jus de citron et le Tabasco® jusqu'à l'obtention d'une fine purée.
4. Répartissez le fondant de légumes dans 6 verrines, à mi-hauteur. Ajoutez délicatement le guacamole. Réservez au réfrigérateur jusqu'au moment de servir.

Saumon en gelée

Pour 6 personnes
Préparation : 20 min
Cuisson : 3 min
Repos : 2 h 30

½ sachet de gelée au madère
le zeste de 1 citron vert émincé finement
240 g de filet de saumon cru très frais
120 g de crème fraîche épaisse
120 g d'œufs de saumon
poivre du moulin
quelques brins de persil plat pour la déco

1. Mélangez la gelée dans 25 cl d'eau bouillante et suivez les instructions indiquées sur le paquet, puis laissez refroidir à température ambiante.
2. Plongez le zeste émincé 2 minutes dans une petite casserole d'eau bouillante, puis rincez-le sous l'eau froide. Recommencez l'opération puis égouttez-le.
3. Versez la moitié de la gelée dans 12 verrines. Ajoutez quelques zestes dans chacune et réservez 30 minutes au réfrigérateur.
4. Coupez le saumon en tout petits dés. Répartissez-les dans les verrines. Recouvrez du reste de gelée encore liquide, poivrez et réservez 2 heures au réfrigérateur, le temps que la gelée prenne.
5. Au dernier moment, ajoutez 1 belle cuillerée de crème fraîche et 1 petite cuillerée d'œufs de saumon. Ajoutez 1 brin de persil et servez très frais.

Carpaccio de radis à la crème de chèvre

Pour 6 personnes
Préparation : 20 min
Sans cuisson

1 botte de radis ronds
2 fromages de chèvre frais (type Petit Billy®)
150 g de fromage blanc lisse
2 cuillerées à soupe d'huile d'olive
2 tiges de persil plat
3 tiges de ciboulette
1 gousse d'ail
sel

1. Lavez et séchez les radis.
2. Mixez le fromage de chèvre et le fromage blanc en ajoutant l'huile d'olive à la fin. Versez le mélange dans un saladier.
3. Lavez et séchez les herbes. Effeuillez le persil. Hachez la ciboulette et le persil. Ajoutez-les dans le saladier.
4. Pelez et hachez très finement la gousse d'ail. Ajoutez-la dans le saladier. Salez et mélangez bien. Émincez très finement les radis.
5. Répartissez la moitié des radis émincés dans 6 verrines. Versez la préparation au fromage par-dessus, puis ajoutez le reste des rondelles de radis. Réservez au réfrigérateur jusqu'au moment de servir.

Faisselle de courgettes et pommes

Pour 6 personnes
Préparation : 30 min
Cuisson : 1 h 05

2 pommes (type reine des reinettes)
sucre semoule
3 courgettes coupées en rondelles
4 tiges de menthe ciselées + quelques feuilles pour la déco
300 g de fromage blanc en faisselle
sel, poivre du moulin
fleurs de mimosa pour la déco

1. Lavez les pommes et coupez-les en quatre. Faites-les cuire dans une casserole remplie d'eau 30 minutes à feu moyen.
2. Versez les pommes et leur jus de cuisson dans un saladier au travers d'un chinois en les écrasant légèrement. Pesez le jus obtenu et versez-le dans une casserole. Ajoutez le poids du jus en sucre et portez à ébullition. Laissez cuire 15 minutes à feu doux. Retirez du feu et laissez tiédir à couvert.
3. Faites cuire les courgettes 20 minutes à la vapeur puis passez-les au presse purée. Salez et poivrez. Ajoutez la menthe ciselée.
4. Salez et poivrez le fromage blanc. Versez une couche de fromage blanc dans le fond de 6 verrines. Couvrez-les de gelée de pomme puis de purée de courgettes. Terminez par une couche de fromage blanc. Décorez de fleurs de mimosa et de feuilles de menthe. Servez frais.

Clafoutis de petits pois et fèves

Pour 6 personnes
Préparation : 25 min
Cuisson : 1 h 10

3 œufs entiers
+ 2 jaunes
35 cl de lait
35 cl de crème fraîche liquide
15 g de Maïzena®
3 petits oignons blancs nouveaux
2 cuillerées à soupe d'huile d'olive
150 g de petits pois frais
1 feuille de laurier
1 brin de thym
150 g de fèves fraîches
sel, poivre du moulin

1. Préchauffez le four à 210 °C (th. 7).
2. Dans un saladier, mélangez les œufs, les jaunes d'œufs, le lait, la crème fraîche et la Maïzena® jusqu'à l'obtention d'une pâte. Salez et poivrez.
3. Pelez et émincez les oignons.
4. Dans une cocotte, faites chauffer légèrement l'huile d'olive. Ajoutez les oignons et faites-les suer 5 minutes à feu doux. Ajoutez les petits pois, le laurier et le thym. Salez et poivrez. Couvrez d'eau, portez à ébullition et faites cuire 20 minutes.
5. Ajoutez les fèves dans la cocotte. Poursuivez la cuisson 3 minutes. Égouttez les légumes puis répartissez-les dans 6 bocaux. Versez la pâte par dessus.
6. Mettez les bocaux dans un plat allant au four et remplissez-le d'eau à mi-hauteur des bocaux. Enfournez et faites cuire 40 minutes. Servez dès la sortie du four.

Tartare de daurade et saumon

Pour 6 personnes
Préparation : 15 min
Sans cuisson
Repos : 20 min

3 citrons verts
+ 6 rondelles fines
pour la déco
6 tiges de ciboulette
600 g de filet
de daurade
300 g de filet
de saumon cru
50 g d'œufs
de saumon
fleur de sel
poivre du moulin

piques en bois

1. Pressez les citrons. Ciselez la ciboulette.
2. Coupez la daurade et le saumon en tout petits dés. Mettez-les dans 2 bols distincts. Répartissez dans chaque bol la ciboulette, du sel et du poivre. Arrosez de jus de citron, mélangez bien.
3. Répartissez le tartare de saumon dans 6 verrines, puis recouvrez de tartare de daurade. Réservez 20 minutes au réfrigérateur.
4. Enfilez les rondelles de citron sur des petites piques en bois et posez-les sur le tartare. Décorez de quelques œufs de saumon. Servez très frais.

Terrine bayadère aux 3 poivrons

Pour 6 personnes
Préparation : 40 min
Cuisson : 30 min
Repos : 1 h 30

4 poivrons rouges
4 poivrons verts
4 poivrons jaunes
375 g de fromage frais (type Petit Billy®)
5 cuillerées à soupe d'huile d'olive
6 feuilles de gélatine ramollies dans un bol d'eau froide
sel, poivre du moulin

1. Préchauffez le four à 180 °C (th. 6).
2. Faites cuire les poivrons 30 minutes au four en les retournant. Enfermez-les dans un sac plastique. Laissez-les tiédir.
3. À l'aide d'une fourchette, écrasez le fromage avec 2 cuillerées à soupe d'huile. Salez et poivrez.
4. Épluchez et épépinez les poivrons. Mixez les poivrons rouges avec du sel, du poivre et 1 cuillerée à soupe d'huile jusqu'à l'obtention d'une purée fine. Versez-la dans un bol. Faites de même avec les poivrons jaunes, puis les verts.
5. Réchauffez 1 cuillerée à soupe de chaque purée, séparément. Essorez la gélatine. Faites-en fondre 2 dans chaque purée encore chaude tout en remuant. Versez-les ensuite dans les purées froides correspondantes.
6. Répartissez 1 purée dans le fond de 6 verrines. Réservez 15 minutes au frais puis recouvrez de fromage, puis d'une autre purée. Réservez 15 minutes au frais puis recouvrez de la dernière sorte de purée. Réservez 1 heure au frais.

Crème de pommes de terre au basilic et lard croustillant

Pour 6 personnes
Préparation : 20 min
Cuisson : 30 min

1 kg de pommes
de terre (type bintje)
1 litre de lait entier
6 tiges de basilic
6 tranches fines
de lard fumé
sel, poivre du moulin

1. Pelez les pommes de terre puis coupez-les en morceaux. Faites-les cuire dans une casserole d'eau salée pendant 30 minutes à feu moyen.
2. Dans une autre casserole, faites chauffer le lait.
3. Égouttez les pommes de terre et passez-les au presse-purée. Mettez la purée dans un plat creux. Ajoutez le lait bouillant tout en remuant. Salez et poivrez. Réservez au chaud.
4. Lavez, séchez, effeuillez et hachez grossièrement le basilic. Incorporez-le à la crème de pommes de terre.
5. Dans une poêle chaude, faites dorer les tranches de lard fumé des deux côtés. Égouttez-les sur du papier absorbant.
6. Réchauffez la crème de pommes de terre à feu très doux, puis répartissez-la dans 6 verrines. Posez 1 tranche de lard croustillant dessus et servez aussitôt.

Fèves à la sarriette

Pour 6 personnes
Préparation : 15 min
Cuisson : 1 min

600 g de fèves fraîches
6 branches de sarriette
1 cuillerée à soupe de jus de citron
3 cuillerées à soupe d'huile d'olive
sel, poivre du moulin

1. Portez une casserole d'eau salée à ébullition. Plongez-y les fèves quelques secondes, égouttez-les et mettez-les dans un saladier d'eau glacée. Retirez leur peau et réservez-les dans l'eau froide afin qu'elles ne se dessèchent pas.
2. Effeuillez la sarriette.
3. Dans un bol, fouettez le jus de citron avec l'huile d'olive. Salez et poivrez.
4. Mettez les fèves et la sarriette dans un saladier, arrosez-les de vinaigrette au citron. Mélangez bien.
5. Répartissez les fèves dans 6 verrines et réservez au réfrigérateur jusqu'au moment de servir.

Verrines de saumon fumé, mousse fromagère aux herbes

Pour 6 personnes
Préparation : 15 min
Sans cuisson

2 tiges de cerfeuil
1 brin d'estragon
3 brins de ciboulette
+ quelques brins pour la déco
2 brins de persil plat
350 g de fromage frais (type Petit Billy®)
20 cl de crème liquide très froide
400 g de cœur de saumon fumé
le jus de 1 citron
sel, poivre du moulin

1. Lavez, séchez et hachez finement les herbes.
2. Mixez le fromage frais et mettez-le dans un saladier. Ajoutez les herbes. Salez et poivrez. Mélangez bien à l'aide d'une cuillère en bois.
3. Montez la crème liquide en chantilly. Incorporez-la délicatement à la préparation au fromage frais.
4. Coupez le saumon fumé en dés. Placez-les dans une assiette creuse. Arrosez-les de jus de citron et mélangez.
5. Répartissez la mousse fromagère aux herbes dans 6 verrines. Ajoutez les dés de saumon citronnés et réservez au réfrigérateur, jusqu'au moment de servir. Décorez de brins de ciboulette.

Crème de chou-fleur aux tomates séchées

Pour 6 personnes
Préparation : 20 min
Cuisson : 30 min

1 chou-fleur
40 g de beurre
75 cl de bouillon de volaille
125 g de tomates séchées
15 cl de crème fraîche épaisse
quelques feuilles de persil plat
sel, poivre du moulin

1. Coupez le chou-fleur en petits bouquets. Lavez-les. Faites fondre le beurre dans une cocotte. Ajoutez le chou-fleur et faites-le cuire 5 minutes à feu moyen en remuant.

2. Versez le bouillon dans la cocotte. Salez, poivrez et portez à ébullition. Baissez le feu et laissez cuire 20 minutes à feu doux.

3. Pendant ce temps, hachez les tomates séchées. Mixez le chou-fleur avec le bouillon jusqu'à l'obtention d'une fine soupe. Faites chauffer la soupe à feu doux et incorporez la crème, en remuant. Aux premiers bouillons, retirez du feu.

4. Versez la crème dans 6 verrines et parsemez de tomates séchées. Décorez de feuilles de persil et servez aussitôt.

Verrines italiennes

Pour 6 personnes
Préparation : 20 min
Cuisson : 1 à 2 min

le zeste de 1 citron
coupé en fines lanières
100 g de parmesan
15 g de graines
de cumin
2 figues
¼ de melon
huile d'olive
3 fines tranches
de jambon italien
12 olives noires
1 brin de basilic
poivre du moulin

1. Réservez le zeste de citron dans 1 verre d'eau au réfrigérateur.
2. Râpez le parmesan finement. Étalez les copeaux de parmesan en petits tas très espacés sur la plaque du four recouverte de papier sulfurisé. Saupoudrez-les de graines de cumin. Enfournez sous le gril du four et faites cuire jusqu'à ce que le parmesan soit fondu et doré. Laissez refroidir les tuiles de parmesan avant de les décoller du papier. Réservez.
3. Lavez les figues. Coupez le melon en quartiers et pelez-le. Coupez les figues et le melon en très fines lamelles. Mélangez-les avec 1 filet d'huile d'olive. Poivrez et répartissez-les dans 6 verrines.
4. Ajoutez le jambon découpé en fines lanières, 2 olives et 1 feuille de basilic. Égouttez le zeste de citron sur du papier absorbant et ajoutez-le dans les verrines avec 1 tuile de parmesan. Servez aussitôt.

Bisque de homard

Pour 6 personnes
Préparation : 30 min
Cuisson : 1 heure
environ

2 homards cuits
(500 g chacun)
10 cl d'huile d'olive
50 g de céleri
branche pelé
et émincé
1 carotte pelée
et émincée
1 oignon pelé et émincé
3 gousses d'ail pelées
et hachées
25 g de concentré
de tomates
100 g de farine
10 cl de brandy
40 cl de vin blanc
1 ½ litre de fumet
de poisson
6 cuillerées à café
de crème fraîche épaisse
6 pincées de piment
de Cayenne
sel, poivre du moulin

1. Décortiquez les homards et concassez les carapaces.
2. Dans une grande casserole, faites chauffer l'huile d'olive. Faites revenir les carapaces 5 minutes à feu moyen tout en remuant. Ajoutez les légumes, l'oignon, l'ail et le concentré de tomates. Mélangez et poursuivez la cuisson 5 minutes.
3. Saupoudrez de farine et mélangez. Versez le brandy, le vin blanc et le fumet de poisson puis mélangez. Salez. Portez à ébullition et écumez bien afin de retirer les impuretés. Baissez le feu et laissez cuire 45 minutes à feu doux.
4. Mixez finement la préparation et passez-la au chinois. Remettez-la dans la casserole et faites cuire jusqu'aux premiers frémissements.
5. Répartissez la bisque de homard dans 6 verrines. Ajoutez 1 cuillerée à café de crème fraîche, parsemez d'1 pincée de piment de Cayenne et servez aussitôt.

Lentilles vertes du Puy à la coriandre

Pour 6 personnes
Préparation : 10 min
Cuisson : 25 min

3 gousses d'ail
1 oignon
2 clous de girofle
350 g de lentilles vertes du Puy
1 bouquet garni
1 bouquet de coriandre
3 cuillerées à soupe d'huile d'olive
sel, poivre du moulin

1. Pelez et dégermez les gousses d'ail. Pelez et piquez l'oignon avec les clous de girofle. Rincez les lentilles sous l'eau froide.
2. Dans une grande marmite, versez les lentilles. Ajoutez l'ail, l'oignon et le bouquet garni. Recouvrez de 2 litres d'eau froide et salez. Portez à ébullition sur feu doux et faites cuire 25 minutes.
3. Hachez grossièrement la coriandre.
4. Égouttez les lentilles. Retirez l'ail, l'oignon et le bouquet garni. Versez les lentilles dans un plat. Rectifiez l'assaisonnement. Ajoutez l'huile d'olive et la coriandre, mélangez. Répartissez les lentilles dans 6 verrines. Servez aussitôt.

Cocktail crevettes-asperges au guacamole

Pour 6 personnes
Préparation : 15 min
Cuisson : 5 min

½ piment rouge
2 avocats
le jus de ½ citron
1 cuillerée à soupe d'huile d'olive
18 grosses crevettes roses crues et décortiquées
6 tranches fines de poitrine fumée
300 g d'asperges sauvages
2 grosses poignées de germes de soja
sel, poivre du moulin

1. Égrainez et hachez le piment.
2. Épluchez les avocats. Retirez les noyaux et coupez la chair en morceaux. Mettez-la dans le bol d'un mixeur. Ajoutez le jus de citron et le piment. Salez et mixez jusqu'à l'obtention d'une purée fine. Versez-la dans un saladier, couvrez de film alimentaire et réservez au réfrigérateur.
3. Dans une poêle, faites chauffer l'huile et faites sauter les crevettes 4 minutes à feu vif. Salez et poivrez. Réservez.
4. Dans la même poêle et sans ajout de matière grasse, faites dorer les tranches de poitrine fumée.
5. Dans une casserole d'eau bouillante salée, plongez les asperges 2 minutes à feu vif. Égouttez-les.
6. Répartissez la purée d'avocat dans 6 verrines. Ajoutez les crevettes, les germes de soja, la poitrine fumée et les asperges. Servez aussitôt.

Verrines de gaspacho au surimi

Pour 6 personnes
Préparation : 30 min
Repos : 3 heures

3 grosses tomates mûres pelées, épépinées et coupées en dés
1 poivron rouge pelé, épépiné et coupé en dés
½ concombre pelé, épépiné et coupé en dés
1 gousse d'ail pelée et dégermée
4 cuillerées à soupe d'huile d'olive
50 g de mie de pain émiettée
2 cuillerées à soupe de vinaigre de Xérès
3 feuilles de gélatine ramollies dans un bol d'eau froide
12 bâtonnets de surimi
15 cl de crème fraîche liquide entière bien froide
1 petit bouquet d'herbes aromatiques variées finement ciselées
sel, poivre du moulin

1. Mixez les tomates, le poivron et le concombre avec l'ail, 1 verre d'eau, du sel, du poivre et 2 cuillerées à soupe d'huile. Ajoutez la mie de pain, 1 verre d'eau et le vinaigre, mixez à nouveau. Couvrez et laissez reposer 1 heure au réfrigérateur.
2. Mixez à nouveau le gaspacho avec le reste d'huile. Prélevez 30 cl de gaspacho et faites-le chauffer dans une casserole à feu doux sans atteindre l'ébullition. Retirez du feu et incorporez la gélatine essorée.
3. Versez le gaspacho dans 6 verrines et réservez 2 heures au réfrigérateur.
4. Coupez le surimi en petits cubes, ajoutez-les dans les verrines et réservez au réfrigérateur.
5. Montez la crème en chantilly, puis incorporez les herbes. À l'aide d'une poche à douille cannelée, surmontez les verrines de chantilly. Servez bien frais.

Tzatziki

Pour 6 personnes
Préparation : 15 min
Sans cuisson

2 concombres
4 gousses d'ail
1 gros bouquet
de menthe
4 yaourts à la grecque
8 cuillerées à soupe
d'huile d'olive
sel, poivre du moulin

1. Lavez les concombres. Coupez-les en quatre dans la longueur, puis en petits bâtonnets triangulaires. Placez-les dans un saladier.
2. Pelez et hachez les gousses d'ail. Lavez, séchez, effeuillez et hachez la menthe.
3. Ajoutez les yaourts, l'ail, l'huile d'olive et la menthe hachée dans le saladier. Salez et poivrez. Mélangez.
4. Répartissez le tzatziki dans 6 verrines et réservez au réfrigérateur, jusqu'au moment de servir.

Salade de la mer à la mimolette et au maïs

Pour 6 personnes
Préparation : 30 min
Sans cuisson

2 pamplemousses
1 boîte de thon
au naturel (280 g)
6 bâtonnets de surimi
140 g de maïs
en grains
100 g de mimolette
6 tomates cerises
2 poignées de salade
12 grosses crevettes
roses cuites
3 cuillerées à soupe
d'huile d'arachide
1 cuillerée à soupe
de fromage blanc
1 cuillerée à soupe
de paprika
sel, poivre du moulin

1. Pelez les pamplemousses à vif. Détachez les quartiers. Coupez-les en dés. Récupérez le jus des pamplemousses dans un saladier.

2. Égouttez le thon et émiettez-le. Coupez les bâtonnets de surimi en rondelles. Égouttez le maïs. Coupez la mimolette en petits dés. Coupez les tomates cerises en deux. Lavez et séchez la salade. Décortiquez les crevettes en laissant les queues.

3. Ajoutez l'huile et le fromage blanc au jus de pamplemousse. Salez, poivrez et émulsionnez. Ajoutez tous les ingrédients préparés dans le saladier, sauf les crevettes. Mélangez. Répartissez la salade dans 6 verrines. Décorez de crevettes, saupoudrez de paprika. Servez aussitôt.

Foie gras aux fruits secs en gelée

Pour 6 personnes
Préparation : 10 min
Sans cuisson
Repos : 2 heures

1 bloc de foie gras (300 g)
6 figues sèches
6 abricots secs
80 g de noisettes émondées
1 cuillerée à soupe de pistaches non salées concassées
1 litre de gelée au madère
poivre du moulin
6 grappes de groseilles pour la déco

1. Coupez le foie gras, les figues et les abricots en petits cubes.
2. Dans un saladier, mélangez délicatement les cubes de foie gras, de figues et d'abricots avec les noisettes et les pistaches. Poivrez.
3. Répartissez le mélange dans 6 verrines. Versez la gelée par dessus et réservez 2 heures au réfrigérateur.
4. Au moment de servir, décorez d'1 grappe de groseilles.

Consommé d'endives au jambon

Pour 6 personnes
Préparation : 20 min
Cuisson : 32 min

1 échalote pelée
et hachée
2 tranches très fines
de jambon Serrano
hachées grossièrement
+ 1 tranche pour la déco
20 g de beurre
1 cuillerée à café
d'huile d'olive
500 g d'endives
émincées
1 petite pomme de terre
pelée et coupée en dés
2 cuillerées à soupe
de jus de citron
10 cl de crème fraîche
liquide
quelques croûtons
sel, poivre du moulin

1. Dans une grande casserole, faites revenir l'échalote et le jambon haché avec le beurre et 1 filet d'huile 5 minutes à feu doux. Ajoutez les endives et les dés de pommes de terre. Faites-les revenir pendant 2 minutes en mélangeant. Ajoutez le jus de citron et poivrez. Mélangez et faites suer 5 minutes en remuant, jusqu'à ce que les endives se colorent légèrement. Versez 50 cl d'eau bouillante. Attendez la reprise de l'ébullition et laissez cuire 20 minutes à léger frémissement.
2. Mixez finement la préparation jusqu'à l'obtention d'un fin velouté, puis réservez.
3. Réchauffez le velouté au dernier moment. Ajoutez la crème et mélangez. Rectifiez l'assaisonnement puis servez dans 6 verrines avec 1 lamelle de jambon et 2 croûtons. Vous pouvez servir ce velouté glacé.

Œufs cocotte aux trompettes de la mort

Pour 6 personnes
Préparation : 15 min
Cuisson : 15 min

500 g de trompettes de la mort + un peu pour la déco
2 échalotes
1 cuillerée à soupe d'huile d'olive
30 cl de crème liquide
6 œufs
sel, poivre du moulin
beurre pour les verrines

1. Préchauffez le four à 200 °C (th. 6-7).
2. Nettoyez les champignons. Faites-les blanchir 1 minute dans une casserole d'eau bouillante. Égouttez-les et séchez-les dans un linge propre.
3. Épluchez les échalotes et hachez-les. Émincez les champignons. Faites chauffer l'huile dans une poêle. Quand elle est chaude, faites revenir les échalotes 2 minutes à feu vif en remuant puis ajoutez les champignons. Faites cuire encore 5 minutes en remuant. Salez et poivrez.
4. Beurrez 6 verrines allant au four. Versez un fond de crème liquide dans chacune d'elles. Ajoutez les champignons émincés. Cassez ensuite 1 œuf dans chaque verrine, puis versez le reste de crème. Salez et poivrez.
5. Placez les verrines dans un plat allant au four et versez 2 verres d'eau chaude dans le fond du plat. Enfournez et faites cuire 5 minutes. Décorez avec les trompettes entières et servez aussitôt.

Verrines de céleri au caviar

Pour 6 personnes
Préparation : 15 min
Cuisson : 30 min
environ

1 céleri-rave
3 pommes de terre
50 g de beurre
15 cl de crème fraîche liquide
6 belles cuillerées à café de caviar
6 petites feuilles de céleri branche
sel, poivre du moulin

1. Pelez le céleri et les pommes de terre. Coupez-les en cubes. Placez-les dans une sauteuse. Couvrez-les d'eau, salez et poivrez. Ajoutez le beurre en parcelles et portez à ébullition. Baissez le feu et laissez cuire doucement jusqu'à complète évaporation de l'eau.
2. Passez les pommes de terre et le céleri au moulin à légumes.
3. Mettez la purée obtenue dans une casserole, salez et poivrez. Ajoutez la crème liquide, mélangez et faites réchauffer à feu très doux.
4. Répartissez la mousseline de céleri dans 6 verrines, ajoutez le caviar par-dessus, décorez d'1 feuille de céleri et servez aussitôt.

Panna cotta au crabe

Pour 6 personnes
Préparation : 15 min
Cuisson : 5 min
Repos : 3 heures

3 feuilles de gélatine
1 boîte de crabe (340 g)
1 bouquet
de ciboulette
60 cl de crème liquide
entière
2 branches d'estragon
sel, poivre du moulin

1. Faites ramollir les feuilles de gélatine dans un bol d'eau froide.
2. Égouttez le crabe et émiettez la chair. Retirez les cartilages des morceaux de crabe. Réservez-les pour la finition.
3. Ciselez la ciboulette.
4. Dans une casserole, versez la crème liquide, la chair émiettée du crabe et la moitié de la ciboulette. Salez et poivrez. Portez à ébullition et laissez frémir 5 minutes en remuant.
5. Hors du feu, incorporez la gélatine soigneusement essorée et faites-la fondre en remuant. Versez la préparation dans 6 verrines. Laissez refroidir et réservez 3 heures au réfrigérateur.
6. Au moment de servir, parsemez de morceaux de crabe et du reste de ciboulette. Décorez la panna cotta avec les branches d'estragon. Servez frais.

Espuma de betteraves

Pour 6 personnes
Préparation : 20 min
Repos : 3 heures

2 feuilles de gélatine
1 kg de betteraves cuites
10 cl de crème fleurette
1 cuillerée à soupe de vinaigre de Xérès
2 cuillerées à soupe d'huile d'olive
sel, poivre du moulin

1. Faites ramollir les feuilles de gélatine dans un bol d'eau froide.
2. Pelez les betteraves. Coupez-les en petits cubes. Prélevez-en 400 g et réservez le reste au réfrigérateur.
3. Mixez les 400 g de betterave avec la crème, le vinaigre, l'huile d'olive, du sel et du poivre, jusqu'à l'obtention d'un coulis très fin, puis passez-le au chinois.
4. Dans une casserole, faites chauffer le coulis sans atteindre l'ébullition puis incorporez la gélatine au fouet.
5. Versez ce mélange dans un siphon. Fermez-le, puis, la tête en bas, introduisez les cartouches de gaz. Secouez énergiquement et réservez 3 heures au réfrigérateur.
6. Au moment de servir, salez et poivrez les dés de betterave. Mélangez et répartissez-les dans 6 verrines. Recouvrez d'espuma de betterave et servez aussitôt.

Saumon gravlax

Pour 6 personnes
Préparation : 20 min
Sans cuisson
Repos : 48 heures

1 cuillerée à café
de graines de coriandre
1 cuillerée à café
de piment moulu
3 cuillerées à café
de cassonade
2 bouquets d'aneth
2 filets de saumon
avec la peau (500 g
chacun environ)
1 filet de jus de citron
3 cuillerées à café
de gros sel
1 cuillerée à café
de poivre noir moulu

1. Dans un mortier, pilez le poivre, les graines de coriandre et le piment avec le gros sel. Ajoutez la cassonade.
2. Lavez, séchez et effeuillez l'aneth. Ciselez-le.
3. Posez 1 filet de saumon sur le plan de travail, côté peau en dessous. Recouvrez-le du mélange d'épices puis parsemez d'aneth. Posez le deuxième filet par-dessus, côté peau vers le haut. Emballez le tout bien serré dans du papier d'aluminium. Posez la papillote dans un plat. Placez une planche dessus, surmontée d'un poids. Réservez 48 heures au réfrigérateur en retournant le saumon emballé toutes les 12 heures.
4. Le jour même, sortez les filets de saumon de leur emballage et découpez-les en tranches fines à l'aide d'un couteau bien tranchant.
5. Répartissez les tranches dans 6 verrines et servez arrosé d'1 filet de jus de citron.

Mousse chocolat-menthe

Pour 6 personnes
Préparation : 15 min
Cuisson : 5 min
Repos : 4 heures

30 g de feuilles de menthe
10 cl de crème liquide
250 g de chocolat noir
6 œufs
1 pincée de sel

1. Mixez les feuilles de menthe.
2. Dans une casserole, faites chauffer la crème liquide 5 minutes à feu doux. Retirez du feu et ajoutez la menthe. Laissez infuser 10 minutes. Filtrez la préparation au chinois, puis réservez.
3. Cassez le chocolat noir en morceaux et faites-le fondre au bain-marie. Incorporez progressivement la crème de menthe, tout en mélangeant.
4. Séparez les blancs d'œufs des jaunes. Ajoutez les jaunes un par un au mélange menthe-chocolat, en remuant bien entre chaque ajout.
5. Montez les blancs en neige ferme avec le sel. Incorporez-les délicatement au chocolat. Répartissez la préparation dans 6 petits bocaux individuels. Réservez 4 heures au réfrigérateur. Servez bien frais.

Panna cotta café-spéculos

Pour 6 personnes
Préparation : 20 min
Cuisson : 10 min
Repos : 3 heures

5 feuilles de gélatine ramollies dans un bol d'eau froide
30 cl de café léger
30 g de sucre semoule
50 cl de crème liquide entière
80 g de sucre roux
2 cuillerées à soupe de café lyophilisé
12 spéculos

1. Dans une casserole, faites chauffer à feu doux le café et le sucre jusqu'aux premiers frémissements, puis retirez du feu.
2. Essorez les feuilles de gélatine entre vos mains. Faites-en fondre 2 dans le café chaud tout en fouettant. Répartissez la gelée dans 6 verrines et réservez 1 heure au réfrigérateur.
3. Faites chauffer en remuant 45 cl de crème et le sucre roux dans une casserole. Aux premiers frémissements, ajoutez le café et mélangez. Retirez du feu. Faites fondre la gélatine dans la crème au café en fouettant. Laissez tiédir. Fouettez la crème restante en chantilly. Incorporez-la à la crème au café. Versez la panna cotta sur la gelée et remettez 2 heures au réfrigérateur.
4. Au moment de servir, concassez les spéculos et parsemez-en les panna cotta. Servez frais.

Tiramisu aux fruits rouges

Pour 6 personnes
Préparation : 20 min
Sans cuisson

250 g de mascarpone
30 g de sucre semoule
2 œufs
12 biscuits roses
de Reims
10 g de sucre glace
1 pincée de sel

Pour le coulis de fruits rouges
100 g de fraises
250 g de framboises
+ 6 pour la déco
50 g de sucre semoule

1. Dans un saladier, mélangez le mascarpone avec le sucre. Séparez les blancs d'œufs des jaunes. Incorporez les jaunes au mascarpone et mélangez. Montez les blancs en neige avec le sel, puis incorporez-les au mascarpone. Réservez au réfrigérateur.
2. Préparez le coulis de fruits rouges : équeutez les fraises. Mettez-les avec les framboises dans le bol d'un mixeur. Ajoutez 5 cl d'eau et le sucre. Mixez jusqu'à l'obtention d'un coulis.
3. Coupez les biscuits de Reims en petits morceaux égaux.
4. Versez 2 cuillerées à soupe de coulis de fruits rouges dans 6 verrines. Recouvrez de 2 cuillerées à soupe de crème au mascarpone, puis de morceaux de biscuits. Décorez chaque verrine d'1 framboise. Saupoudrez de sucre glace et servez aussitôt.

Mousse d'abricot à la menthe fraîche

Pour 6 personnes
Préparation : 15 min
Cuisson : 1 min
Repos : 3 heures

300 g d'abricots
1 feuille de gélatine
le jus de 1 citron
150 g de sucre glace
3 blancs d'œufs
12 feuilles de menthe
1 pincée de sel

1. Dénoyautez les abricots et coupez-les en morceaux. Mixez-les finement jusqu'à l'obtention d'un coulis.
2. Faites ramollir la feuille de gélatine 10 minutes dans un bol d'eau froide.
3. Faites chauffer le jus de citron dans une petite casserole et incorporez la feuille de gélatine essorée.
4. Ajoutez la gélatine fondue et le sucre glace au coulis d'abricots, puis mélangez.
5. Montez les blancs en neige avec le sel et incorporez-les au coulis.
6. Ciselez les feuilles de menthe. Répartissez la mousse dans 6 verrines. Décorez de feuilles de menthe et réservez 3 heures au réfrigérateur.

Verrines de muesli, fromage blanc et groseilles

Pour 6 personnes
Préparation : 10 min
Sans cuisson

350 g de groseilles
+ 6 petites grappes
pour la déco
150 g de fromage
blanc à 20 %
de matière grasse
3 cuillerées à soupe
de miel d'acacia
12 cuillerées à soupe
de muesli

1. Rincez rapidement les groseilles et séchez-les sur du papier absorbant.
2. Dans un saladier, mélangez le fromage blanc avec le miel à l'aide d'un fouet.
3. Versez 1 cuillerée à soupe de muesli dans 6 verrines. Ajoutez 1 belle cuillerée de fromage blanc, répartissez les groseilles puis ajoutez 1 nouvelle cuillerée de muesli. Terminez avec le reste de fromage blanc. Décorez les verrines d'1 petite grappe de groseilles.

Bavarois vanillé à la rose

Pour 6 personnes
Préparation : 40 min
Cuisson : 57 min
Repos : 4 heures

Pour le bavarois
20 cl de crème fraîche liquide
2 gousses de vanille fendues dans la longueur
600 g de fromage blanc battu
80 g de sucre semoule
5 feuilles de gélatine ramollies dans un bol d'eau froide

Pour la gelée de roses
200 g de pétales de roses + 6 pour la déco
le jus de ½ citron
500 g de sucre spécial confiture

1. Dans une casserole, faites infuser à couvert pendant 30 minutes à feu doux la crème avec les gousses de vanille.
2. Dans un saladier, fouettez le fromage blanc et le sucre.
3. Ôtez les gousses de vanille de la crème infusée. Ajoutez la gélatine. Mélangez jusqu'à ce qu'elle soit complètement fondue, puis incorporez au fromage battu.
4. Remplissez 6 verrines aux trois quarts et réservez 3 heures au réfrigérateur.
5. Faites cuire les pétales 20 minutes à feu doux dans 50 cl d'eau citronnée. Retirez-les à l'aide d'une écumoire et essorez-les pour en extraire le jus. Pesez le jus obtenu et remettez-le dans la casserole. Ajoutez 500 g de sucre pour 40 cl de jus. Faites cuire 7 minutes à partir de la reprise de l'ébullition. Laissez refroidir un peu.
6. Posez 1 pétale sur chaque bavarois et versez dessus 1 fine couche de gelée. Réservez 1 heure au réfrigérateur et servez très frais.

Soufflés glacés aux mûres

Pour 6 personnes
Préparation : 30 min
Cuisson : 20 min
Repos : 3 heures

250 g de sucre semoule
400 g de mûres
25 cl de crème liquide très froide
5 blancs d'œufs

1. Dans une casserole, versez 7 cl d'eau et le sucre. Mélangez puis portez à ébullition. Laissez bouillir 5 minutes à feu doux. Retirez du feu.
2. Mixez les mûres jusqu'à l'obtention d'une purée. Dans un saladier, mélangez le sirop de sucre à la purée de mûres. Montez la crème en chantilly et incorporez-la à la préparation. Réservez au réfrigérateur.
3. Découpez 6 feuilles de papier sulfurisé. Pliez-les en deux dans la largeur. Fixez les bandes de papier autour de 6 verrines en les maintenant avec un élastique et en les laissant dépasser de 5 cm.
4. Battez les blancs en neige, incorporez-les à la mousse. Versez-la dans les verrines, en la faisant dépasser de 3 cm. Réservez 3 heures au congélateur.
5. Sortez les soufflés du congélateur et laissez-les 15 minutes à température ambiante. Ôtez délicatement le papier sulfurisé. Servez aussitôt.

Espuma d'amaretto

Pour 6 personnes
Préparation : 10 min
Sans cuisson
Repos : 3 heures

3 jaunes d'œufs
120 g de sucre semoule
200 g de mascarpone
45 cl de crème liquide entière
1 cuillerée à café d'extrait de café
2 cuillerées à soupe d'amaretto
2 cuillerées à soupe d'amandes effilées

1. Dans un saladier, fouettez les jaunes d'œufs avec le sucre, jusqu'à ce qu'ils blanchissent et doublent de volume.
2. Dans un autre saladier, mélangez le mascarpone avec la crème liquide, le café et l'amaretto.
3. Mélangez les deux préparations ensemble, puis versez dans un siphon.
4. Fermez le siphon puis, tête en bas, introduisez les cartouches de gaz. Secouez énergiquement et placez le siphon 3 heures au réfrigérateur.
5. Dans une petite poêle sans matière grasse, faites griller légèrement les amandes effilées tout en remuant. Dès qu'elles commencent à dorer, déposez-les sur du papier absorbant et laissez-les refroidir.
6. Disposez l'espuma d'amaretto dans 6 verrines et décorez avec les amandes grillées.

Crème Carambar® et palmiers

Pour 6 personnes
Préparation : 30 min
Cuisson : 25 min

12 Carambar®
50 cl de lait
4 jaunes d'œufs
125 g de sucre cristallisé + 2 cuillerées à soupe
250 g de pâte feuilletée

1. Dans une casserole, faites fondre à feu doux les Carambar® avec le lait. Dans un bol, fouettez les jaunes d'œufs. Ajoutez-les à la préparation refroidie. Remettez à chauffer 5 minutes à feu doux jusqu'à épaississement. Répartissez la crème dans 6 verrines. Laissez refroidir et réservez au réfrigérateur.
2. Préchauffez le four à 210 °C (th. 7).
3. Saupoudrez le plan de travail de 2 cuillerées à soupe de sucre. Étalez la pâte feuilletée sur le sucre. Saupoudrez la pâte de la moitié du sucre. Rabattez les côtés opposés en les faisant se rejoindre au centre, puis repliez-les une deuxième fois de la même façon.
4. Découpez la pâte en tronçons d'1 cm d'épaisseur. Resserrez-les pour former des palmiers.
5. Recouvrez la plaque du four de papier sulfurisé. Saupoudrez du reste de sucre. Posez les palmiers dessus. Enfournez et faites cuire 15 minutes en les retournant à mi-cuisson. Sortez-les du four et laissez refroidir. Servez avec la crème au Carambar®.

Tiramisu chocolat-orange

Pour 6 personnes
Préparation : 20 min
Sans cuisson

6 œufs
150 g de sucre semoule
500 g de mascarpone
1 plaque de génoise au chocolat
25 cl de jus d'orange
cacao en poudre
1 cuillerée à soupe de zestes d'orange

1. Séparez les blancs d'œufs des jaunes. Dans un saladier, ajoutez le sucre et le mascarpone aux jaunes et battez jusqu'à l'obtention d'une crème.
2. Montez les blancs d'œufs en neige très ferme. Incorporez-les délicatement à la préparation au mascarpone. Réservez au réfrigérateur.
3. Coupez la génoise au chocolat en tranches fines.
4. Trempez la moitié des tranches de génoise dans le jus d'orange et garnissez-en le fond de 6 verrines. Recouvrez la génoise des deux tiers de la crème au mascarpone.
5. Faites une nouvelle couche de génoise trempée dans le jus d'orange, puis versez par-dessus le reste de crème. Réservez 1 heure au réfrigérateur. Au moment de servir, saupoudrez les verrines de cacao et décorez de zestes d'orange.

Blanc-manger à la fleur d'oranger

Pour 6 personnes
Préparation : 15 min
Cuisson : 5 min
Repos : 2 heures

6 feuilles de gélatine
50 cl de lait
100 g de sucre semoule
2 cuillerées à soupe d'eau de fleur d'oranger
20 cl de crème liquide très froide
50 g de pistaches émondées non salées

1. Faites ramollir la gélatine 10 minutes dans un bol d'eau froide.
2. Versez le lait dans une casserole, ajoutez 50 g de sucre et portez à ébullition. Retirez la casserole du feu et ajoutez l'eau de fleur d'oranger.
3. Essorez les feuilles de gélatine. Faites-les fondre dans le lait aromatisé tout en fouettant. Laissez refroidir.
4. Montez la crème en chantilly avec le reste de sucre. Incorporez-la délicatement au lait. Répartissez la préparation dans 6 verrines. Réservez 2 heures au réfrigérateur.
5. Au moment de servir, concassez grossièrement les pistaches et répartissez-les sur les blancs-mangers. Servez bien frais.

Trifle à la cerise

Pour 6 personnes
Préparation : 20 min
Sans cuisson

5 cl de rhum blanc
18 biscuits à la cuiller
1 bocal de griottes
au sirop (350 g environ)
50 cl de crème
anglaise à la vanille
25 cl de crème liquide
entière très froide
50 g de sucre glace
6 cerises au marasquin

1. Dans une assiette, mélangez le rhum avec 2 cuillerées à soupe d'eau. Trempez les biscuits rapidement dans l'assiette puis émiettez-les grossièrement dans le fonds de 6 verrines.
2. Égouttez les griottes. Hachez la moitié et répartissez le hachis sur les biscuits. Versez ensuite la crème anglaise par-dessus et plongez-y le reste des griottes. Réservez au réfrigérateur.
3. Montez la crème liquide en chantilly bien ferme puis incorporez le sucre glace. Mettez-la dans une poche à douille cannelée et recouvrez les trifles de chantilly.
4. Décorez d'1 cerise au marasquin et servez aussitôt.

Soufflés glacés au chocolat

Pour 6 personnes
Préparation : 40 min
Cuisson : 5 min
Repos : 4 heures

3 œufs
200 g de chocolat noir
25 cl de crème liquide très froide
100 g de sucre semoule
50 g de sucre glace
100 g de cerneaux de noix concassés

1. Séparez les blancs d'œufs des jaunes et réservez les blancs au réfrigérateur.
2. Faites fondre le chocolat avec 1 cuillerée à soupe de crème liquide.
3. Dans un saladier, fouettez les jaunes avec le sucre. Incorporez le chocolat fondu en fouettant.
4. Découpez 6 feuilles de papier sulfurisé de 12 cm de large. Chemisez les parois de 6 verrines en laissant dépasser le papier de 5 cm au-dessus du bord. Maintenez-les à l'aide d'élastiques.
5. Montez les blancs en neige. Incorporez-les à la préparation au chocolat. Montez le reste de crème en chantilly en ajoutant le sucre glace quand la crème commence à durcir. Incorporez la chantilly à la préparation. Répartissez-la dans les verrines en dépassant de 3 cm au-dessus du bord. Réservez 4 heures au congélateur.
6. Sortez les soufflés du congélateur 15 minutes avant de servir, puis retirez le papier sulfurisé et parsemez les soufflés de noix concassées.

Espuma de myrtilles

Pour 6 personnes
Préparation : 20 min
Cuisson : 5 min

150 g de myrtilles congelées
60 g de sucre semoule
4 boules de glace vanille
30 cl de crème fleurette ou liquide
300 g de myrtilles fraîches

1. Dans une casserole, faites chauffer les myrtilles congelées avec le sucre à feu doux, jusqu'à ce que celui-ci soit fondu. Mettez la préparation dans le bol d'un mixeur, puis mixez le tout. Passez la préparation au chinois.
2. Dans un saladier, mélangez la préparation avec la glace à la vanille un peu fondue. Ajoutez la crème fleurette et mélangez bien. Filtrez de nouveau si nécessaire puis, versez dans le siphon.
3. Fermez le siphon puis tête en bas, introduisez les cartouches de gaz. Secouez énergiquement et placez le siphon au réfrigérateur jusqu'au moment de servir.
4. Répartissez les myrtilles fraîches dans 6 verrines, ajoutez l'espuma de myrtilles et servez aussitôt.

Mousse de fromage blanc au coulis de rhubarbe

Pour 6 personnes
Préparation : 25 min
Cuisson : 30 min environ
Repos : 12 heures

1 feuille de gélatine ramollie dans un bol d'eau froide
250 g de fromage blanc à 0 % de matière grasse
4 cuillerées à soupe de sucre semoule
4 blancs d'œufs
1 pincée de sel

Pour le coulis
350 g de rhubarbe lavée, effilée et coupée en tronçons
80 g de sucre semoule
le jus de 1 citron
le jus de 4 oranges

1. La veille : placez la rhubarbe dans un saladier avec le sucre et le jus de citron. Mélangez. Recouvrez le saladier de film alimentaire et réservez 1 nuit au réfrigérateur.

2. Le jour même : dans une casserole, faites cuire la rhubarbe avec le jus de 3 oranges 30 minutes à feu doux, jusqu'à l'obtention d'une purée. Mixez la purée avec le jus de la dernière orange jusqu'à l'obtention d'un coulis. Réservez au réfrigérateur.

3. Essorez la gélatine et faites-la fondre dans 1 cuillerée à soupe d'eau bouillante. Dans un saladier, fouettez le fromage blanc, le sucre et la gélatine fondue.

4. Montez les blancs en neige avec le sel. Incorporez-les à la préparation.

5. Dans 6 verrines, versez 1 cuillerée à soupe de coulis, recouvrez de mousse de fromage blanc et réservez 2 heures au réfrigérateur.

6. Au moment de servir, ajoutez 1 cuillerée à café de coulis et servez très frais.

Crumble de poires au chocolat et spéculos

Pour 6 personnes
Préparation : 15 min
Cuisson : 10 min

6 poires
le jus de 1 citron
100 g de chocolat noir
12 spéculos

1. Coupez les poires en deux, ôtez les cœurs et les pépins, puis coupez les poires en petits morceaux. Placez-les dans un saladier et arrosez-les de jus de citron.
2. Cassez le chocolat en morceaux. Faites-le fondre dans une casserole avec 2 cuillerées à soupe d'eau sur feu doux.
3. Versez la sauce au chocolat dans 6 petits bocaux, puis répartissez les morceaux de poires. Émiettez les spéculos et parsemez-les sur les poires. Servez aussitôt.

Quetsches rôties au pain d'épice

Pour 6 personnes
Préparation : 10 min
Cuisson : 5 à 8 min

2 gousses de vanille
750 g de faisselle
120 g de sucre semoule
450 g de quetsches
7 cl de sirop d'érable
3 tranches de pain d'épice
30 g de beurre

1. Fendez les gousses de vanille en deux dans le sens de la longueur. Prélevez les graines de vanilles à l'aide de la pointe d'un couteau. Mettez la faisselle dans un saladier. Ajoutez les graines de vanille et le sucre. Mélangez bien et réservez au réfrigérateur.
2. Coupez les quetsches en deux et ôtez les noyaux.
3. Dans une casserole, faites chauffer le sirop d'érable jusqu'à ce qu'il épaississe légèrement. Ajoutez les quetsches et laissez cuire 5 minutes à feu moyen.
4. Pendant ce temps, retirez la croûte du pain d'épice puis coupez les tranches en petits dés. Ajoutez-les dans la casserole avec le beurre et mélangez délicatement.
5. Versez la faisselle vanillée dans 6 verres, répartissez les quetsches et leur sirop de cuisson par-dessus et servez aussitôt.

Mousse d'ananas, kiwis et coco

Pour 6 personnes
Préparation : 45 min
Cuisson : 5 min
Repos : 3 heures

2 kiwis épluchés et coupés en fines rondelles

Pour la mousse d'ananas
1 boîte d'ananas en tranches au sirop (340 g environ)
3 feuilles de gélatine ramollies dans un bol d'eau froide et essorées
15 cl de crème liquide très froide
80 g de sucre semoule
2 blancs d'œufs

Pour la mousse coco
50 cl de lait de coco
3 feuilles de gélatine ramollies dans un bol d'eau froide et essorées
150 g de sucre glace
3 blancs d'œufs

1. Égouttez l'ananas. Réservez 5 cl de sirop. Mixez l'ananas en fine purée. Versez-la dans un saladier.

2. Dans une petite casserole, faites chauffer le sirop à feu doux. Faites fondre la gélatine dans le sirop en fouettant, puis versez-le dans la purée d'ananas.

3. Montez la crème en chantilly. Ajoutez le sucre. Incorporez le tout à la purée d'ananas. Battez les blancs d'œufs en neige et incorporez-les à la préparation. Réservez.

4. Dans une petite casserole, faites chauffer 5 cl de lait de coco à feu doux. Faites-y fondre la gélatine en fouettant. Laissez tiédir.

5. Dans un saladier, fouettez le reste de lait de coco avec la moitié du sucre. Ajoutez le lait de coco gélifié. Montez les blancs en neige. Ajoutez le reste de sucre. Incorporez-les à la préparation.

6. Répartissez la mousse d'ananas dans le fond de 6 verrines. Posez dessus 2 rondelles de kiwi, puis la mousse de coco. Réservez 3 heures au réfrigérateur.

Verrines aux 3 chocolats

Pour 6 personnes
Préparation : 45 min
Cuisson : 15 min
Repos : 3 h 30

Pour la mousse au chocolat noir
6 œufs
200 g de chocolat noir à pâtisser fondu
1 pincée de sel

Pour la mousse au chocolat au lait
3 œufs
100 g de chocolat au lait à pâtisser fondu
sel

Pour la crème au chocolat blanc
3 œufs
3 cuillerées à soupe de sucre semoule
100 g de chocolat blanc à pâtisser fondu
1 cuillerée à soupe de rhum blanc
3 feuilles de gélatine ramollies dans un bol d'eau froide
6 cuillerées à café de cacao en poudre pour la déco

1. Préparez la mousse au chocolat noir : séparez les blancs d'œufs des jaunes. Ajoutez les jaunes au chocolat. Mélangez. Montez les blancs en neige avec le sel. Incorporez-les au chocolat. Répartissez la mousse dans 6 verrines et réservez 30 minutes au frais.

2. Préparez la mousse au chocolat au lait selon le même procédé puis versez-la sur la mousse au chocolat. Réservez 30 minutes au réfrigérateur.

3. Préparez la crème au chocolat blanc : séparez les blancs d'œufs des jaunes. Fouettez les jaunes avec le sucre. Incorporez-le au chocolat. Dans une casserole, faites chauffer le rhum. Hors du feu, faites fondre la gélatine essorée dans le rhum, puis mélangez à la préparation au chocolat.

4. Montez les blancs en neige. Incorporez-les à la crème. Répartissez-la dans les verrines et réservez 2 heures au réfrigérateur. Saupoudrez les mousses de cacao en poudre au moment de servir.

Verrines à la myrtille

Pour 6 personnes
Préparation : 30 min
Cuisson : 15 min
Repos : 3 heures

Pour la mousse à la vanille
20 cl de crème liquide entière très froide
1 cuillerée à café de vanille en poudre
100 g de sucre semoule + 1 cuillerée à soupe
2 blancs d'œufs
1 pincée de sel

Pour le coulis de myrtilles
300 g de myrtilles
60 g de sucre glace

1. Préparez la mousse à la vanille : dans un saladier, versez la crème liquide. Ajoutez la vanille et mélangez. Fouettez la crème. Lorsqu'elle commence à monter, versez le sucre en pluie et fouettez jusqu'à l'obtention d'une chantilly. Réservez au réfrigérateur.
2. Montez les blancs d'œufs en neige très ferme avec le sel.
3. Incorporez délicatement les blancs d'œufs à la chantilly. Répartissez la mousse à la vanille dans 6 verrines. Réservez 3 heures au réfrigérateur.
4. Préparez le coulis de myrtilles : mixez finement 200 g de myrtilles avec le sucre glace. Filtrez le jus dans un chinois et réservez au réfrigérateur.
5. Au moment de servir, versez le coulis de myrtilles sur la mousse de vanille. Répartissez les myrtilles restantes entières sur chaque verrine et servez frais.

Salade de fruits rouges au muscat, vanille et anis étoilé

Pour 6 personnes
Préparation : 15 min
Cuisson : 5 min
Repos : 1 heure

2 gousses de vanille
75 g de sucre semoule
30 cl de muscat
2 étoiles de badiane
500 g de fraises
200 g de groseilles
250 g de framboises

1. Fendez les gousses de vanille en deux dans le sens de la longueur. Versez le sucre dans une casserole. Ajoutez 10 cl d'eau et portez à ébullition sur feu doux. Laissez cuire 5 minutes à petits frémissements.

2. Versez le muscat dans le sirop. Ajoutez les gousses de vanille fendues en deux et les étoiles de badiane. Laissez cuire 2 minutes puis retirez du feu. Couvrez et laissez infuser.

3. Lavez, séchez et équeutez les fraises. Coupez-les en deux ou en quatre selon leur grosseur. Égrainez les groseilles. Mettez tous les fruits rouges dans un saladier.

4. Versez le sirop de muscat sur les fruits et mélangez délicatement. Laissez refroidir puis réservez 1 heure au réfrigérateur.

5. Répartissez la salade de fruits et son sirop dans 6 verrines. Servez aussitôt.

Mousse de litchi à la rose

Pour 6 personnes
Préparation : 25 min
Sans cuisson
Repos : 3 heures

3 feuilles de gélatine
500 g de litchis au sirop
1 cuillerée à soupe de sirop de rose
2 blancs d'œufs
60 g de sucre semoule
125 g de crème fleurette entière très froide
quelques roses cristallisées pour la déco

1. Faites ramollir la gélatine 10 minutes dans un bol d'eau froide.
2. Égouttez les litchis et réservez 12 cl de sirop. Mixez les litchis.
3. Dans une petite casserole, faites chauffer le sirop de litchis réservé. Essorez la gélatine et incorporez-la au sirop chaud tout en fouettant. Laissez refroidir puis parfumez avec le sirop de rose et mélangez. Ajoutez cette préparation à la purée de litchis tout en fouettant.
4. Montez les blancs en neige très ferme. Ajoutez 30 g de sucre et fouettez à nouveau. Incorporez-les à la purée de litchis.
5. Fouettez vigoureusement la crème liquide en chantilly avec le sucre restant. Ajoutez-la à la préparation précédente.
6. Répartissez la mousse dans 6 verrines. Recouvrez de film alimentaire et réservez 3 heures au réfrigérateur. Au moment de servir, décorez de fleurs cristallisées.

Mousse orange-chocolat au lait

Pour 6 personnes
Préparation : 35 min
Repos : 6 heures

Pour la mousse au chocolat au lait
5 œufs
250 g de chocolat au lait à pâtisser fondu

Pour la mousse à l'orange
3 œufs entiers
100 g de sucre semoule
25 g de farine
le zeste de 1 orange râpé
25 cl de jus d'orange frais

1. Séparez les blancs d'œufs des jaunes. Dans un saladier, fouettez les jaunes. Incorporez le chocolat fondu.
2. Montez les blancs en neige ferme. Incorporez-les à la préparation. Répartissez la mousse dans 6 verrines. Réservez 2 heures au réfrigérateur.
3. Préparez la mousse à l'orange : séparez les blancs d'œufs des jaunes. Dans une casserole, mélangez les jaunes avec 75 g de sucre. Incorporez la farine et le zeste. Délayez avec le jus d'orange. Faites chauffer à feu doux et laissez épaissir sans cesser de mélanger. Retirez la casserole du feu et laissez refroidir. Réservez 1 heure au réfrigérateur.
4. Battez les blancs en neige avec le reste de sucre. Incorporez-les à la préparation précédente bien froide. Versez sur la mousse au chocolat et replacez 3 heures au réfrigérateur avant de servir.

Panna cotta à la mangue

Pour 6 personnes
Préparation : 15 min
Cuisson : 10 min
Repos : 2 heures

3 feuilles de gélatine
500 g de crème fraîche épaisse
1 gousse de vanille
130 g de sucre semoule
3 mangues bien mûres
le zeste de 1 citron vert râpé

1. Dans un bol d'eau froide, faites ramollir la gélatine pendant 10 minutes.
2. Dans une casserole, versez la crème, la gousse de vanille fendue en deux dans la longueur et 80 g de sucre. Faites chauffer à feu doux jusqu'à ébullition et laissez bouillir 5 minutes. Retirez la casserole du feu.
3. Essorez la gélatine et faites-la fondre dans la crème bouillante, tout en fouettant. Laissez tiédir.
4. Versez le reste de sucre et 5 cl d'eau dans une autre casserole. Portez à ébullition et laissez bouillir 5 minutes. Retirez du feu.
5. Épluchez les mangues et coupez-les en cubes. Mixez-les avec le sirop jusqu'à l'obtention d'un coulis épais.
6. Versez le coulis dans 6 verrines. Répartissez la panna cotta dessus et réservez 2 heures au réfrigérateur.
7. Au moment de servir, parsemez les panna cotta de zeste de citron vert et servez très frais.

Mousse chocolat blanc-framboises

Pour 6 personnes
Préparation : 10 min
Cuisson : 10 min
Repos : 2 heures

35 cl de crème liquide entière très froide
120 g de chocolat blanc
150 g de framboises
30 g de sucre glace

1. Fouettez 30 cl de crème liquide jusqu'à l'obtention d'une chantilly.
2. Hachez le chocolat au couteau. Mettez-le dans une casserole et faites-le fondre au bain-marie.
3. Dans une petite casserole, portez à ébullition les 5 cl de crème restante et versez-les sur le chocolat fondu, mélangez. Laissez tiédir.
4. Ajoutez petit à petit la crème chantilly en soulevant délicatement à l'aide d'une spatule. Répartissez-la dans 6 verrines. Réservez 2 heures au réfrigérateur.
5. Réservez 6 framboises. Dans un saladier, écrasez le reste à l'aide d'une fourchette, parsemez de sucre glace et mélangez. Réservez au réfrigérateur.
6. Au moment de servir, répartissez le coulis de framboise sur les mousses. Saupoudrez les framboises entières de sucre glace, puis posez-les au centre des verrines.

Diplomates aux abricots

Pour 6 personnes
Préparation : 20 min
Cuisson : 20 min

250 g de sucre semoule
quelques gouttes d'extrait d'amandes
12 abricots
12 biscuits à la cuiller
250 g de yaourt brassé
6 abricots secs

1. Dans une casserole, versez 150 g de sucre. Ajoutez 25 cl d'eau et l'extrait d'amandes. Portez à ébullition jusqu'à l'obtention d'un sirop.
2. Coupez les abricots en deux, ôtez les noyaux, puis coupez-les en quartiers. Déposez-les dans le sirop et mélangez. Baissez le feu et laissez cuire 20 minutes à feu doux en remuant de temps en temps.
3. Mettez les biscuits dans le bol d'un mixeur. Réduisez-les en poudre épaisse.
4. Dans un saladier, mélangez le yaourt avec le reste de sucre et ½ cuillerée à café d'extrait d'amandes.
5. Coupez les abricots secs en petits dés.
6. Répartissez la poudre de biscuit dans le fond de 6 verrines. Ajoutez la purée d'abricots, puis le yaourt. Parsemez de dés d'abricots secs et réservez au réfrigérateur jusqu'au moment de servir.

Liégeois

Pour 6 personnes
Préparation : 15 min
Cuisson : 5 min
Repos : 1 heure

200 g de chocolat
6 œufs
25 cl de crème liquide très froide
80 g de sucre glace
1 paquet de pépites de chocolat
1 pincée de sel

1. Cassez le chocolat en morceaux. Faites-le fondre au bain-marie en remuant de temps en temps. Versez-le dans un saladier.
2. Séparez les blancs d'œufs des jaunes. Réservez les blancs au réfrigérateur. Incorporez les jaunes d'œufs au chocolat tout en fouettant.
3. Montez les blancs d'œufs en neige très ferme avec le sel. Incorporez-les très délicatement à la préparation.
4. Répartissez la mousse de chocolat dans 6 verrines. Réservez au réfrigérateur.
5. Montez la crème liquide en chantilly. Quand elle est bien ferme, ajoutez le sucre glace en pluie en continuant de fouetter. Répartissez la chantilly sur les mousses, puis parsemez de pépites de chocolat.
6. Réservez au moins 1 heure au réfrigérateur avant de servir.

Soufflés glacés aux groseilles

Pour 6 personnes
Préparation : 30 min
Cuisson : 3 min
Repos : 3 heures

350 g de sucre semoule
600 g de groseilles
40 cl de crème liquide très froide
6 blancs d'œufs

1. Portez à ébullition 7 cl d'eau avec le sucre 5 minutes à feu doux. Retirez du feu et laissez refroidir.
2. Mixez les groseilles jusqu'à l'obtention d'une purée. Dans un saladier, mélangez le sirop à la purée de groseilles.
3. Battez la crème en chantilly et incorporez-la à la purée de groseilles. Réservez au réfrigérateur.
4. Découpez 6 bandes de papier sulfurisé de 12 cm de large. Chemisez les parois de 6 verrines en laissant le papier dépasser de 5 cm au-dessus du bord.
5. Montez les blancs d'œufs en neige et incorporez-les à la préparation aux groseilles. Versez cette mousse dans les verrines, en dépassant de 3 cm au-dessus du bord. Réservez 3 heures au congélateur.
6. Au moment de servir, sortez les soufflés du congélateur et laissez-les reposer 15 minutes avant d'ôter le papier sulfurisé.

Panna cotta façon Piña Colada

Pour 6 personnes
Préparation : 15 min
Cuisson : 10 min
Repos : 2 heures

3 feuilles de gélatine
500 g de crème fraîche épaisse
100 g de sucre semoule

Pour la Piña Colada
1 ananas
50 g de sucre semoule
5 cl de rhum blanc
30 g de noix de coco râpée

1. Faites ramollir la gélatine 10 minutes dans un bol d'eau froide.
2. Dans une casserole, versez la crème fraîche et le sucre. Faites chauffer à feu doux jusqu'à ébullition. Laissez bouillir 5 minutes puis retirez du feu.
3. Essorez la gélatine et faites-la fondre dans la crème bouillante en fouettant. Laissez refroidir, puis versez la panna cotta dans 6 petits bocaux hauts. Réservez 2 heures au réfrigérateur.
4. Préparez la Piña Colada : épluchez l'ananas et coupez-le en petits cubes. Mettez-les dans une sauteuse avec le sucre. Versez le rhum et faites cuire 15 minutes à feu doux en remuant. Laissez refroidir et réservez au réfrigérateur.
5. Au moment de servir, répartissez les dés d'ananas et le jus de cuisson sur la panna cotta. Saupoudrez de noix de coco râpé et servez aussitôt.

Crème d'amande aux kiwis

Pour 6 personnes
Préparation : 20 min
Cuisson : 5 min
Repos : 2 heures

4 feuilles de gélatine
2 boîtes de lait concentré sucré
3 cuillerées à soupe d'essence d'amande
3 kiwis
60 g de poudre d'amandes

1. Dans un bol d'eau froide, faites ramollir 2 feuilles de gélatine. Essorez-les avec vos doigts.
2. Dans une petite casserole, portez à ébullition 5 cl d'eau puis retirez du feu. Faites fondre la gélatine en fouettant. Versez le lait concentré et l'essence d'amande, mélangez bien et remettez à feu doux pendant 2 minutes tout en remuant. Retirez du feu et laissez tiédir.
3. Pelez les kiwis et coupez-les en petits morceaux.
4. Faites ramollir le reste de gélatine dans l'eau froide, puis faites-les fondre dans 5 cl d'eau bouillante. Retirez du feu et ajoutez les morceaux de kiwi. Mélangez.
5. Répartissez la poudre d'amandes dans le fond de 6 verrines. Versez la crème d'amandes par-dessus, puis la préparation aux kiwis. Réservez 2 heures au réfrigérateur avant de servir.

Tiramisu

Pour 6 personnes
Préparation : 20 min
Sans cuisson
Repos : 2 heures

4 œufs
80 g de sucre semoule
+ 1 ½ cuillerée à soupe
330 g de mascarpone
4 tasses de café
expresso très fort froid
4 cuillerées à soupe
d'amaretto ou de
marsala (facultatif)
12 gros biscuits
à la cuiller
cacao en poudre
1 pincée de sel

1. Séparez les blancs d'œufs des jaunes. Dans un saladier, fouettez les jaunes et le sucre. Incorporez le mascarpone et réservez au réfrigérateur.
2. Montez les blancs en neige avec le sel. Ajoutez 1 ½ cuillerée à soupe de sucre tout en battant.
3. Ajoutez 1 grosse cuillerée de blancs au mélange au mascarpone. Incorporez délicatement le reste des blancs à la crème. Réservez au réfrigérateur.
4. Dans une assiette creuse, versez le café froid. Ajoutez l'amaretto. Trempez rapidement 6 biscuits, puis coupez-les en deux. Posez-les dans le fond de 6 verrines et ajoutez la moitié de la préparation au mascarpone. Trempez le reste de biscuits. Coupez-les en deux et ajoutez-les sur le mascarpone, puis versez la fin de la crème. Réservez 2 heures au réfrigérateur.
5. Saupoudrez les tiramisus de cacao en poudre au moment de servir.

Verrines aux fruits de la passion et au fromage blanc

Pour 6 personnes
Préparation : 15 min
Sans cuisson

le zeste et le jus
de 1 citron vert
8 fruits de la passion
100 g de sucre
semoule
300 g de fromage
blanc lisse
1 cuillerée à café
de vanille en poudre
3 poires bien mûres

1. Hachez le zeste de citron.
2. Coupez les fruits de la passion en deux et prélevez la pulpe à l'aide d'une cuillère. Déposez-la dans le bol d'un mixeur avec le jus et le zeste de citron haché et 1/3 du sucre. Mixez jusqu'à l'obtention d'un jus épais.
3. Dans un saladier, fouettez vivement le fromage blanc avec le reste de sucre et la vanille en poudre.
4. Épluchez les poires. Coupez-les en quatre, retirez les cœurs et les pépins et coupez les quartiers en tout petits dés.
5. Répartissez le jus de fruits dans 6 verrines. Recouvrez-le de dés de poire puis de fromage blanc vanillé. Servez aussitôt.

Petites mousses de fromage frais au chutney de figues et dattes

Pour 6 personnes
Préparation : 25 min
Cuisson : 1 heure
Repos : 2 heures

2 feuilles de gélatine ramollies dans un bol d'eau froide
le jus de ½ orange
250 g de fromage blanc
80 g de sucre semoule
3 blancs d'œufs
50 g de sucre glace
2 cuillerées à soupe de zestes d'orange confits

Pour le chutney de dattes et figues

100 g de dattes dénoyautées
150 g de figues sèches
120 g de sucre roux
le jus de 1 orange
1 bâton de cannelle
1 étoile de badiane
2 clous de girofle
1 graine de cardamome

1. Dans une casserole, faites cuire 1 heure à feu doux en remuant régulièrement les dattes et les figues coupées en morceaux avec le sucre roux, le jus de l'orange et les épices. Retirez du feu et laissez refroidir.

2. Dans une casserole, faites chauffer le jus de la ½ orange. Aux premiers frémissements, retirez la casserole du feu. Essorez la gélatine et faites-la fondre dans le jus en fouettant. Laissez tiédir.

3. Mélangez le fromage blanc avec le sucre et le jus d'orange gélifié. Montez les blancs en neige ferme puis ajoutez le sucre glace en pluie en fouettant.

4. Incorporez les blancs au fromage blanc. Répartissez la moitié de la mousse dans 6 verrines. Recouvrez-la de chutney puis du reste de mousse. Parsemez de zestes d'orange confits et réservez 2 heures au réfrigérateur avant de servir.

Crème au caramel et macaron au chocolat

Pour 6 personnes
Préparation 10 min
Cuisson : 45 min

180 g de sucre semoule
1 cuillerée à café de jus de citron
2 œufs + 4 jaunes
30 g de sucre vanillé
50 cl de lait
6 macarons au chocolat

1. Préchauffez le four à 200 °C (th. 6-7).
2. Dans une casserole, versez 150 g de sucre, le jus de citron et 2 cuillerées à soupe d'eau. Faites chauffer 2 à 3 minutes à feu doux, jusqu'à l'obtention d'un caramel blond.
3. Dans un saladier, fouettez les œufs, le reste de sucre et le sucre vanillé.
4. Dans une autre casserole, portez le lait à ébullition. Versez-le doucement sur le caramel, tout en fouettant. Versez cette préparation dans le saladier.
5. Remplissez 6 verrines allant au four. Placez-les dans un plat allant au four. Ajoutez 1 verre d'eau dans le fond du plat.
6. Enfournez et faites cuire 40 minutes. Sortez les crèmes du four, retirez-les du plat et laissez-les refroidir complètement.
7. Au moment de servir, hachez grossièrement les macarons et parsemez-en les crèmes au caramel.

Trifle aux fraises

Pour 6 personnes
Préparation : 30 min
Cuisson : 15 min

1 cuillerée à soupe
de zestes de citron
30 g de sucre semoule
400 g de fraises
6 meringues
50 cl de sorbet fraises
30 cl de crème fraîche
liquide très froide

1. Dans une casserole, mettez les zestes de citron avec le sucre. Ajoutez 2 cl d'eau et portez à ébullition. Faites cuire 15 minutes à feu doux. Égouttez les zestes et réservez-les.
2. Lavez, séchez et équeutez les fraises. Mettez 1/3 des fraises dans le bol d'un mixeur. Ajoutez le sirop de cuisson et mixez jusqu'à l'obtention d'un coulis. Réservez au réfrigérateur.
3. Coupez les fraises restantes en morceaux. Concassez les meringues en petits bouts. Répartissez-les dans le fonds de 6 verrines. Ajoutez 1 quenelle de sorbet à la fraise ainsi que les morceaux de fraises. Réservez les verrines au congélateur.
4. Montez la crème liquide en chantilly. Quand elle est bien ferme, mélangez-la succinctement à 2 cuillerées à soupe de coulis de fraise. Répartissez-la ensuite dans les verrines. Servez aussitôt avec le reste de coulis.

ÉQUIVALENCES

MESURES LIQUIDES

SYSTÈME MÉTRIQUE	SYSTÈME AMÉRICAIN	AUTRE NOM
5 ml	1 cuillère à thé (cuillère à café française)	
15 ml	1 cuillère à table (cuillère à soupe française)	
35 ml	1/8 cup (tasse française)	1 oz (ou once)
65 ml	1/4 cup ou 1/4 grand verre	2 oz
125 ml	1/2 cup ou 1/2 grand verre	4 oz
250 ml	1 cup ou 1 grand verre	8 oz
500 ml	2 cups ou 1 pinte	
1 litre	4 cups ou 2 pintes	

MESURES SOLIDES

SYSTÈME MÉTRIQUE	SYSTÈME AMÉRICAIN	AUTRE NOM
30 g	1 oz	
55 g	1/8 lbs	2 oz
115 g	1/4 lbs	4 oz
170 g	3/8 lbs	6 oz
225 g	1/2 lbs	8 oz
454 g	1 livre	16 oz

CHALEUR DU FOUR

CHALEUR	° CELSIUS	THERMOSTAT	° FAHRENHEIT
Très doux	70 °C	Th. 2-3	150 °F
Doux	100 °C	Th. 3-4	200 °F
	120 °C	Th. 4	250 °F
Moyen	150 °C	Th. 5	300 °F
	180 °C	Th. 6	350 °F
Chaud	200 °C	Th. 6-7	400 °F
	230 °C	Th. 7-8	450 °F
Très chaud	260 °C	Th. 8-9	500 °F

© 2011 Mango
Tous droits de traduction, de reproduction et d'adaptation strictement réservés pour tous pays.

Mango une marque de Fleurus Éditions
www.fleuruseditions.com

© Photo : Sucré Salé

Édition : Barbara Sabatier et Adèle Vay
Direction artistique : Chloé Eve
Maquette : Julie Mathieu et Chantal Tuaud
Fabrication : Thierry Dubus et Sabine Marioni

N° d'édition : M13104   **ISBN :** 9782317000775 - **Code MDS :** 73896
Photogravure : Amalthéa
Achevé d'imprimer en juillet 2013 par Toppan Leefung – Chine
Dépôt légal : septembre 2011
Édition N°3

FEUILLETEZ TOUTE LA COLLECTION SUR

www.fleuruseditions.com

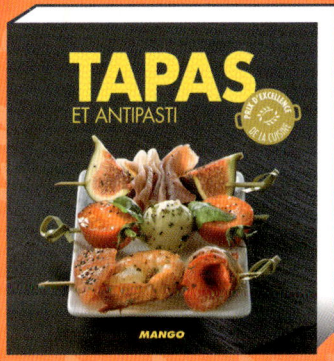